# VOCÊ LEMBRARÁ SEUS NOMES

# VOCÊ LEMBRARÁ SEUS NOMES

## ANTOLOGIA DE POETAS NEGRAS DOS ESTADOS UNIDOS DO SÉCULO XX

**Lubi Prates**
(Org.)

BAZAR DO TEMPO

Este livro foi revisado segundo o Acordo Ortográfico da Língua Portuguesa de 1990, em vigor no Brasil desde 2009.

**Edição**
Ana Cecília Impellizieri Martins

**Coordenação editorial**
Meira Santana

**Assistente editorial**
Olivia Lober

**Tradução**
Ana Meira, Bruna Barros, Desirée dos Santos, Fernanda Bastos, floresta, Jade Medeiros, Jess Oliveira, Luana Moreira, Lubi Prates, Mariana Correia Santos, Nina Rizzi, Sara Ramos e tatiana nascimento

**Revisão da tradução**
Lubi Prates

**Revisão**
Joice Nunes
Gabrielly Alice da Silva
Lourdes Modesto

**Capa e projeto gráfico**
LeTrastevere

**Diagramação**
Anderson Junqueira

**Ilustrações**
Mayara Ferrão

**Textos biográficos**
Maria Carolina Casati
Carolina Ferreira

**Produção gráfica**
Marina Ambrasas

**Agradecimentos**
A Bolha Editora
Relicário Edições

BAZAR DO TEMPO
Produções e Empreendimentos Culturais Ltda.

Rua General Dionísio, 53 - Humaitá
22271-050 Rio de Janeiro - RJ
contato@bazardotempo.com.br
www.bazardotempo.com.br

"Trazendo as dádivas que os meus ancestrais me deram,
Eu sou o sonho e a esperança dos escravizados.
Eu me levanto
Eu me levanto
Eu me levanto."

Maya Angelou

Apresentação 11

Angelina Weld Grimké
MARIANA CORREIA SANTOS 18

Gwendolyn Bennett
LUANA MOREIRA 28

Gwendolyn Brooks
MARIANA CORREIA SANTOS 38

Maya Angelou
LUBI PRATES 48

Audre Lorde
BRUNA BARROS, JESS OLIVEIRA
E tatiana nascimento 60

**Jayne Cortez**
SARA RAMOS 74

**Sonia Sanchez**
SARA RAMOS 90

**June Jordan**
LUBI PRATES 100

**Lucille Clifton**
LUBI PRATES 118

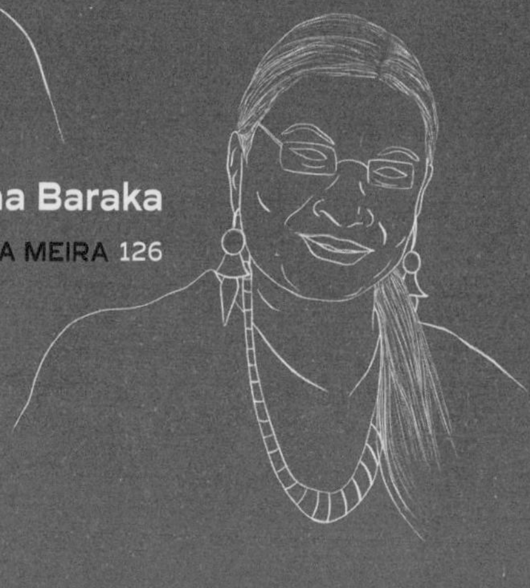

**Amina Baraka**
ANA MEIRA 126

**Nikki Giovanni**
DESIRÉE DOS SANTOS 136

**Pat Parker**
JADE MEDEIROS 150

**Alice Walker**
FERNANDA BASTOS 168

**Wanda Coleman**
NINA RIZZI 176

**Cheryl Clarke**
BRUNA BARROS, JESS OLIVEIRA
E floresta 190

bell hooks
FERNANDA BASTOS 200

Rita Dove
LUANA MOREIRA 212

Nikky Finney
DESIRÉE DOS SANTOS 222

Harryette Mullen
NINA RIZZI 240

# APRESENTAÇÃO

## Lubi Prates

Esta antologia, *Você lembrará seus nomes*, pode ser lida como um livro de formação de muitas mulheres negras que, como eu, foram forjadas por essas poetas que agora podemos ter reunidas em uma edição. Na beira dos 30 anos, eu me reconheci como uma mulher negra (e acredito ser honesto pontuar que o benefício de se re/conhecer como uma pessoa negra apenas é dado àquelas que nasceram, assim como eu, com a pele clara – embora inquestionavelmente negra à segunda vista) e procurei na poesia, que além de alento, já era também meu ganha-pão, alguma resposta sobre a minha própria existência. Comecei uma escavação na minha estante e nas bibliotecas e livrarias à procura de outras poetas negras. Primeiro, encontrei as brasileiras: Alzira Rufino, Beatriz Nascimento, Carolina Maria de Jesus, Conceição Evaristo, Esmeralda Ribeiro, Miriam Alves, entre outras, a quem eu chamo, carinhosamente, de "minhas mais velhas". Com os escritos dessas mulheres, percebi semelhanças cruciais entre as nossas vidas e também algumas diferenças, o que torna cada uma de nós única, impossível de enquadrar. Conheci, também, outra infinidade de poetas negras contemporâneas, que me trouxeram os mesmos sentidos, como Fernanda Bastos, Jade Medeiros, Nina Rizzi, a quem eu chamo, carinhosamente de "minhas irmãs": "você e eu / tivemos bebês/ fizemos trinta e cinco/ enegrecemos/ deixamos nossos cabelos voltarem / amando nós mesmas/ amando nós mesmas/ somos irmãs.// apenas onde você canta,/ eu sou poeta", ilustra Lucille Clifton, em "Irmãs", poema publicado neste livro.

Durante essa pesquisa brasileira e, desde então, senti o desejo de saber mais sobre o que as poetas negras de outros países escreviam. Me agarrei à produção poética das mulheres negras dos Estados Unidos, porque, naquele início de entendimento sobre a negritude e as relações raciais, era desse país que vinham as teorias que me interessavam. Com isso, percebi que haviam muitas conexões entre o que as poetas negras produziam aqui, no Brasil, e lá, nos Estados Unidos. Entre essas relações, o que mais me impressionou foi notar que, nesses casos, a poesia, a produção acadêmica e a militância não são campos indissociáveis.

Eu já tinha topado com os poemas da Maya Angelou diversas vezes e os versos "Saindo das cabanas da vergonha da história/ Eu me levanto/ De um passado enraizado na dor/ Eu me levanto/ Sou um oceano negro, vasto e pulsante,/ Crescendo e jorrando eu carrego a maré. // Abandonando as noites de terror e medo/ Eu me levanto/ Para um amanhecer maravilhosamente claro/ Eu me levanto/ Trazendo as dádivas que os meus ancestrais me deram,/ Eu sou o sonho e a esperança dos escravizados./ Eu me levanto/ Eu me levanto/ Eu me levanto" agiam em mim como um mantra poderoso. Mas foi apenas ao me debruçar atentamente sobre a sua obra, uma produção diversa nos temas e sofisticada na forma, que pude elaborar um novo olhar sobre ela, o que me permitiu ser, em 2019, a tradutora para o português brasileiro de toda a sua produção poética.

O encontro com Lucille Clifton, outra autora com larga produção e premiada, esta nunca publicada no Brasil, aconteceu por acaso e, de imediato, me chamou atenção o fato dela escrever apenas com letras minúsculas – algo que eu já fazia, mas que não me lembro exatamente com quem aprendi. Eu gostei de receber esse sopro ancestral. Os temas trazidos por Lucille, as imagens poéticas que ela cria, a maneira como ela escreve sobre ser uma mulher/negra/mãe fazem da sua poesia uma forte referência (ser mãe era uma informação trazida enfaticamente por ela mesma, algo que eu só entendi anos depois, quando me tornei mãe e, com esta perspectiva, entendi que a ação dela era uma luta contra a invisibilidade do trabalho doméstico). "você não vai celebrar comigo?" foi o primeiro poema de Lucille que eu traduzi do inglês para o português brasileiro e, até hoje, ele resume, para mim, o que é ser uma mulher negra – em qualquer lugar do mundo.

Sonia Sanchez escreve, entre outras experiências pessoais e sociais, sobre o que é ser uma mulher negra de pele clara: "não existe lugar/ para uma mulher/ negra/serena./ não há sorrisos imaturos o bastante ou/ palavras de verão quentes o bastante para permitir meu crescimento." Com mais de vinte livros de poesia publicados nos Estados Unidos, ela é hoje uma das mais celebradas poetas do seu país.

Ao ler a poesia de Audre Lorde, também profícua ensaísta e hoje já bem publicada no Brasil, entendi duas coisas: que, claro, apesar de qualquer marcador social, somos seres únicos, sempre diferentes de qualquer outro. Ela diz: "Ser mulheres juntas não era suficiente. Nós éramos diferentes./ Ser gays juntos não era suficiente. Nós éramos diferentes./ Ser negros juntos não era suficiente. Nós éramos diferentes./ Ser negras juntas não era suficiente. Nós éramos diferentes./ Ser lésbicas negras juntas não era o suficiente. Nós éramos diferentes." Foi quando entendi também que me faltava repertório sobre poetas negras dos Estados Unidos que fossem lésbicas e bissexuais, além da própria Audre Lorde. Mergulhei, então, na produção de Pat Parker, June Jordan, Nikki Giovanni, Cheryl Clarke e Nikky Finney, autoras de diferentes gerações que trazem a afirmação da sexualidade para o primeiro plano da produção literária e nos mostram que há tantas camadas na nossa existência, para além da cor e da orientação sexual.

Com a ajuda da Angelina Weld Grimké, uma pioneira que já escrevia e publicava poesia e peças de teatro no início do século XX, caminhei em busca das outras poetas negras que abriram os caminhos para a produção poética nos Estados Unidos, como Gwendolyn Bennett e Gwendolyn Brooks, suas contemporâneas, a quem devemos muito.

Os nomes de bell hooks e Alice Walker já me eram familiares. A primeira, mais conhecida pela sua produção teórica; e a segunda, pelos romances de sucesso. Foi uma surpresa tocante descobri-las também como poetas. Nesta seleção, bell hooks fala do cenário e dos saberes da sua infância no Kentucky, enquanto Walker reforça suas perspectivas feministas.

Foi o som o que me levou a Jayne Cortez e a Amina Baraka – o som das vozes delas, carregado por guitarras e/ou outros instrumentos, declamando os seus próprios poemas, uma atuação que ganhou força a partir dos anos 1960. Sobre a Amina, devo dizer que a imagem dela, na capa do álbum *Amina Baraka & the Red Microphone*, de 2017, segurando um megafone, com a musicista da banda ao seu lado, e os outros músicos atrás, é algo que me persegue até hoje, por sua força: ter voz é um poder.

Foi também a força contundente o que me fez parar diante dos poemas da Wanda Coleman e da sua experiência de ser uma mulher retinta: "você sabe que é uma pessoa escura quando te colocam/ na mesa mais próxima da cozinha/ e você imediatamente sente a ofensa mesmo/ que essa seja a única mesa disponível/ e seja oferecida por conveniência." Ou do verso que ecoa: "Wanda por que que cê num morre."

Mais recentemente, conheci Harryette Mullen e Rita Dove, duas poetas negras que publicam desde os anos 1980, premiadas (Dove venceu o Pulitzer de poesia em 1987), com uma produção constante e importante, também em áreas como ensaio, conto, teatro, e também sem obras publicadas no Brasil.

Por fim, gostaria de assinalar a importância – para o imaginário social das mulheres negras – de ver Sonia Sanchez, Amina Baraka, Nikki Giovanni, Alice Walker, Cheryl Clarke, Rita Dove, Nikky Finney e Harryette Mullen vivendo e envelhecendo de maneira ativa, neste tempo presente, ao contrário do que dizem as estimativas de vida para as mulheres negras e para a população negra, em geral. Agradeço, também, pelas vidas longas que outras poetas negras tiveram, a exemplo da Maya Angelou e bell hooks.

Por tudo isso, e ainda mais, *Você lembrará seus nomes* é uma edição que apresenta um panorama raro da poesia feita por mulheres negras dos Estados Unidos, um presente que entregamos juntamente com as mãos de tradutoras que trabalharam neste livro: Ana Meira, Bruna Barros, Desirée dos Santos, Fernanda Bastos, floresta, Jade Medeiros, Jess Oliveira, Luana Moreira, Mariana Correia Santos, Nina Rizzi, Sara Ramos e tatiana nascimento, escolhidas porque são poetas e escritoras negras que dialogam em suas produções com aquelas que traduziram.

O título da coletânea, *Você lembrará seus nomes*, é um verso do poema "Há quanto tempo Trane se foi", de Jayne Cortez, presente neste volume, em que ela homenageia músicos negros do jazz, que foram importantes não apenas na sua própria trajetória, mas para todo o povo negro. Hoje, escolhemos homenagear a Jayne e algumas mulheres negras da poesia dos Estados Unidos que deixaram um inestimável legado para nós.

Tradução
Mariana Correia Santos

# ANGELINA WELD GRIMKÉ

(1880–1958)

Poeta, dramaturga, jornalista e professora, nascida em Boston, Massachusetts, Angelina era parte de uma influente família miscigenada abolicionista: suas tias-avós, Angelina e Sarah Grimké, foram famosas sufragistas. Além disso, seu pai era Archibald Grimké, advogado, o segundo homem negro a se formar em Harvard e vice-presidente da NAACP (Associação Nacional para o Progresso de Pessoas de Cor) – criada, dentre outros nomes proeminentes, por W.E.B. Dubois.

Angelina Weld Grimké é mais conhecida por sua obra poética, bem como pela peça antirracista *Rachel*, de 1916. A montagem pioneira possibilitou que os primeiros dramaturgos negros apresentassem publicamente seus textos nos Estados Unidos. Seu trabalho poético por vezes é descrito como sentimental, subjetivo, apresentando temas como amor não correspondido. Porém, muitos de seus poemas se configuram como reflexões mais coletivas sobre o tema dos encontros. Diários e cartas, assim como parte de sua produção poética, indicam que era lésbica.

Também foi um nome importante para o Renascimento do Harlem – movimento cultural, social e artístico negro que floresceu no bairro de Harlem, em Nova York, entre as décadas de 1910 e 1930 – e teve poemas publicados em antologias editadas por Langston Hughes e Countee Cullen, referências do movimento negro estadunidense. Em vida, teve poucas obras publicadas.

Faleceu em Nova York, em 1958.

Em 1991, parte de seu trabalho foi lançado pela Oxford University Press no volume póstumo *Selected Works of Angelina Weld Grimké*.

## Fragmento

Sou a mulher da preta preta pele
Sou a mulher a rir de preto preto rosto
Vivo nos porões e em cada lugar lotado
    Trabalho só para comer
    No calor e no frio
    E eu rio
Sou a mulher a rir que esqueceu como chorar
Sou a mulher a rir que teme se deitar

**(s.d.)**

## Tenebris

Há uma árvore na manhã
Que à noite
Forma uma sombra,
Uma enorme mão negra,
Dedos longos e pretos.
  Entre todo o negrume,
Contra a casa do homem branco,
  Ao menor vento,
A mão negra cutuca e cutuca
  Os tijolos.
Tijolos da cor de sangue, bem pequenos.
  É uma mão negra
  Ou é uma sombra?

**1927**

## A criança negra

Vi uma pequena criança negra
Sentada num círculo dourado de sol;
E em sua mãozinha preta
Havia um pequeno galho preto,
E ela batia e batia
Com seu pequeno galho preto,
A luz do sol ao redor,
        E ela rindo, rindo.

E era tão gorda,
Com dobras nos dedinhos agitados do pé,
            E em seus joelhos,
          E em seus cotovelos,
        E em seus dedos das mãos,
      E em suas bochechas,
    E em seu queixo pequeno.

E seu cabelo negro trançado
          Em inumeráveis trancinhas,
                    Por toda a cabecinha;
      Bem-feitas, bonitinhas, engenhosas,
              Elas eram.

E sua pele era retinta, linda,
Com um quê de florescer sobre ela, um brilho luminoso.
Ai, ela era toda negra!
Exceto os dentinhos brancos,
E o branco nos olhos,
E o pano branco sobre o pequeno corpo.

E sentava-se num círculo dourado de sol

Chutando os pezinhos,
E contorcendo os dedinhos,
E batendo e batendo
A luz do sol ao redor
E seu pequeno galho preto,
E ela rindo, rindo.

E o círculo de ouro foi embora de fininho,
De fininho para longe da criancinha negra.
E uma mãozinha negra escorregou para as sombras,
Para as sombras negras,
E uma perninha negra,
E um pezinho negro,
E parte da cabecinha negra trançada,
E um ombrinho negro,
E um pequeno galho preto, batendo,
E uma mãozinha negra, batendo,
E tudo o que restou,
Nas margens do círculo de ouro,
Foi um pezinho negro chutando
E dedinhos negros se contorcendo
Contorcendo – contorcendo – findos!

Uma criancinha negra
Sentada nas sombras negras,
Chutando com os pezinhos,
E contorcendo os dedinhos,
E batendo e batendo
As sombras ao redor
E seu pequeno galho preto,
E ela rindo, rindo.

**(s.d.)**

## Você

Amo tanto seu pescoço perfumado, belo,
E as pequenas pulsações que soam nele;
A timidez e o ar questionador das suas sobrancelhas;
Amo as sombras que fazem suas mechas.

Amo seus dedos finos e fraquinhos;
Da sua pele, o tatear do lume no marfim;
O esconde-esconde das covinhas;
Do queixo, a pontinha.

Amo o jeito que se move e se ergue;
Seus gestos nervosos, o choro pego no ato;
Sem sanidade, sem juízo,
Senhor! E seus olhos, como eu amo!

**(s.d.)**

## Suas mãos

Amo suas mãos:
Mãos grandes, mãos firmes, mãos gentis;
Crescem pelos atrás, perto dos pulsos
Conheço suas unhas quebradas e manchadas
Pelo trabalho duro.
Quando você me toca, ainda assim,
Me apequeno  e me aquieto
        E me alegro
Se eu pudesse me fazer apenas pequena o bastante
Para me encaixar na sua palma,
Em sua palma esquerda,
Me encaixar, deitar rente e me apegar,
Para que estivesse sempre lá,
        Ainda que você me esqueça.

**1927**

Tradução
Luana Moreira

# GWENDOLYN BENNETT

(1902–1981)

Poeta, escritora, artista plástica e jornalista, Gwendolyn Bennett foi peça-chave do chamado Renascimento do Harlem. Nascida em Giddings, Texas, ela passou parte da infância em Wadsworth, Nevada, até a mudança da família para a capital do país, quando tinha quatro anos. Seus pais se divorciaram quando tinha sete anos e, ainda que sua mãe tenha conseguido a guarda, Bennett foi sequestrada pelo pai que a manteve consigo por algum tempo.

O talento com as palavras se revelou quando ela frequentou, entre 1918 e 1921, a Brooklyn Girl's High School, em Nova York: venceu um concurso de arte e foi a primeira afro-americana a se juntar às sociedades literárias e dramáticas da escola. Também estudou belas-artes no Pratt Institute e teve aulas de escrita na Universidade de Columbia.

Seu texto mais famoso é o conto "Wedding Day", de 1926. Publicado na revista *Fire!!*, ele discute de forma pioneira questões de gênero, raça e classe a partir de um relacionamento inter-racial. Além disso, publicou, a partir de 1923, vários de seus poemas em revistas, como *Crisis* e *Opportunity* – nesta última, trabalhou como editora assistente. Sua poesia traz a temática da cultura e da herança negras em primeiro plano.

Entre 1923 e 1931, organizou um importante grupo de apoio a jovens escritoras e escritores no Harlem, ao lado de nomes como Langston Hughes e Zora Neale Hurston. Ela continuou envolvida com movimentos artísticos negros do local até o fim dos anos 1940. Nos anos 1960, mudou-se para a Pensilvânia, onde abriu uma loja de antiguidades e viria a falecer em maio de 1981.

Em 2023, foi lançado o livro *Gwendolyn B. Bennett: Nocturne & Other Verses*, reunindo poemas publicados entre 1923 e 1927 em periódicos e antologias.

## Ódio

Eu vou te odiar
Como um dardo de aço cantante
Atirado pelo ar tranquilo
No entardecer.
Ou solenemente
Como a sobriedade dos pinheiros
Que estão inscritos
no céu.
Te odiar será um jogo
Jogado com mãos frias
E dedos finos.
O teu coração ansiará
Pelo esplendor solitário
Do pinheiro;
Enquanto incêndios reavivados
Nos meus olhos
Te ferirão como flechas rápidas.
A memória vai colocar as mãos
No teu peito
E você entenderá
O meu ódio.

**1926**

## Herança

Quero ver as palmeiras formosas,
Esticando-se até as nuvens
Com dedinhos pontiagudos ...

Quero ver meninas negras graciosas,
Um negrume gravado no céu
Enquanto o pôr do sol perdura.

Quero ouvir as areias silenciosas,
Cantando para a lua
Diante da face imóvel da Esfinge...

Quero ouvir o canto
Ao redor de uma fogueira pagã
De uma misteriosa raça negra.

Quero respirar a flor de lótus,
Suspirando para as estrelas
Com suas ramificações bebendo no Nilo...

Quero sentir a expansão
Da alma do meu povo triste
Escondida por um sorriso de menestrel.

**1923**

## Para uma menina negra

Eu te amo por sua negritude,
E pela escuridão arredondada do teu seio,
Eu te amo pela tristeza quebradiça na tua voz
E pelas sombras onde repousam tuas pálpebras rebeldes.
Algo de rainhas há muito tempo esquecidas
Se esconde no gracioso abandono do teu andar
E algo do escravizado acorrentado
Soluça no ritmo do teu falar.
Oh, menininha negra, nascida para ser companheira da
[tristeza,
Preserve toda a sua majestade
Esqueça o passado sem liberdade
E deixe seus lábios carnudos rirem na cara da Sentença!

**1922**

## Eu construo a América

Eu construo a América –
Tijolo sobre tijolo rebocado,
E em cada um eu coloco
O coração de todos os meus irmãos,
Mortos de uma costa a outra
Misturados com cascalho e cimento
E areia, transformo os ossos pulverizados
De todos os mortos
Que jazem do Canadá
Até o cálido Golfo do México.
Eu sou o morto,
Construindo a América.

Morri em um forno de fundição
Derretido de modo brilhante e incandescente, eu,
Para fazer uma ponte ou um trilho cantante;
Meu corpo voou alado
Pelas paredes da grande represa
Que mantém um curso d'água em controle constante;
Eu sou o solo fértil,
Espalhado sobre a Flórida castigada por tempestades,
Onde eu, mil fortes,
Empilhada contra um dia de luto;
É o meu último suspiro
Que passa por aquele carvão em chamas,
Extraído de onde a mina desabou.
Essa coisa crivada,
Abaixada por negros chorosos
De uma árvore de linchamento,

Era eu...
Aquele escalpo pendente,
Pendurado no cinto de um pele-vermelha
Era meu...
E aquele corpo magro e vermelho,
Deitado no alto de uma pira funerária,
Tinha uma bala em meu coração.
Os homens vermelhos, os negros, os brancos,
Deitados lado a lado
Abaixo de cidades e vilas,
Nos leitos dos rios,
E sob as docas,
Cuja poeira ainda está misturada
Com fazendas e campos
E os grãos cultivados para alimento ou tecido,
São um só comigo.
Eu morri mil mortes
Um milhão de fortes,
Em mil lugares diferentes –
Pioneiros, em frentes de batalha,
Em greves, pelas mãos de cidadãos irmãos,
Por linchamentos e cassetetes da polícia.
Eu morri,
Construindo a América.

E assim....
Eu, o morto, construo a América.
Meus dedos sem carne
Constroem cidades americanas,
Erguem pontes e amontoam municípios.

Meus braços sem músculos
Empunham martelos e escavam metrôs.
Meus olhos sem visão
Inspecionam as planícies e mapeiam as ferrovias.
Todas as cidades, metrôs e trens
E pontes e pessoas
São meus ossos,
Cobertos de tijolo e cimento,
Com aço, pedra e carne.
Do espaço vazio
Entre minhas costelas abertas
Eu, conhecendo a morte
E compreendendo como é a vida,
Respiro uma canção viva
Na nação que eu construo.

Eu construo a América...
Eu, embaixo da terra,
E ressoando no ar
Trabalhando em máquinas,
Guiando motores ruidosos,
E ensinando as crianças que não nasceram
Eu sou o morto,
Construindo a América.

**1938**

## Epitáfio

Quando eu morrer, inscrevam na minha lápide:
Aqui jaz uma mulher, raiz fértil para flor e árvore,
Cuja carne viva, agora apodrecendo ao redor do osso,
Nada mais deseja para a imortalidade,
Que em seu coração, onde o amor esteve por tanto
[tempo infrutífero
Cresça das ervas ou da relva uma semente,
E projete para a luz e o ar seu caminho negligente;
Que aquela que aqui jaz morta possa conhecer
Através de toda medula putrefata de seus ossos
As dores ardentes do nascer,
Ainda que ninguém saiba as dores nem ouça os gemidos
Daquela que viveu na terra de modo improdutivo.

**1934**

Tradução
Mariana Correia Santos

# GWENDOLYN BROOKS

(1917–2000)

Primeira mulher negra a ganhar o prêmio Pulitzer de poesia com o livro *Annie Allen*, em 1950, Gwendolyn Brooks foi também escritora, educadora e ativista dos direitos civis. Nos anos 1946 e 1947, foi contemplada com a bolsa Guggenheim, fruto da recepção positiva de seu primeiro livro de poesia, *A Street in Bronzeville*, de 1945.

Gwendolyn nasceu em Topeka, Kansas, e ainda jovem se mudou com a família para Chicago. Aos treze anos, publicou seu primeiro poema, "Eventide", na revista *American Childhood*, e aos dezessete passou a publicar periodicamente poemas no jornal *Chicago Defender*, voltado para a comunidade negra dos Estados Unidos. Nos anos de 1950, a poeta lançou seu primeiro e único romance, *Maud Martha*, que aborda as lutas e aspirações de uma mulher negra em uma sociedade dominada por desigualdades raciais e de gênero.

Em 1967, Brooks participou de uma conferência de jovens poetas negras/os na Universidade de Fisk, em que figuras como Amiri Baraka, Ron Milner estiveram presentes. O evento teve forte impacto em sua trajetória, fazendo com que sua obra passasse a abordar questões políticas de forma mais evidente. O livro *In the Mecca*, de 1968, revela elementos dessa transformação tanto em termos estilísticos quanto temático. Em 1969, lança *Riot*, escrito em dialetos de rua, com poemas que tratam do assassinato de Martin Luther King Jr. No mesmo período, Gwendolyn promovia encontros de poesia em sua casa e integrava o grupo Black Arts Movement.

Gwendolyn Brooks é autora de mais de vinte livros de poesia, incluindo ainda *Blacks*, de 1987, e *Winnie*, de 1988, além de obras infantis e de duas autobiografias. Foi professora na Universidade Estadual de Chicago de 1990 até sua morte em 2000, aos 83 anos.

## Sou uma Preta (Kojo)

Segundo meus professores,
Agora sou uma afro-americana

Eles me tiram do meu nome.

PRETA é um guarda-chuva aberto.
Sou uma Preta e Uma Preta para sempre.

Sou uma dos Pretos.

Estamos aqui, estamos lá.
Acontecemos no Brasil, na Nigéria, Gana,
em Botsuana, Tanzânia, no Quênia,
na Rússia, Austrália, no Haiti e Soweto,

em Granada, em Cuba, no Panamá, Líbia
na Inglaterra e Itália, França.

Em qualquer lugar, somos uma dádiva.
Sou Preta e Uma Preta
para sempre.

Sou tudo, menos hifenização.
Digo, com orgulho, MEU POVO!
Digo, com orgulho, NOSSO POVO!

Nosso povo não desdenha de comer inhame, melão ou aveia.
ou de colocar creme de amendoim no cozido.

Sou Kojo. No oeste da África, Kojo
significa inconquistável. Meus pais
me deram um nome no meu sétimo dia de vida
No espírito Preto, na fé Preta, na comunhão Preta.
Sou kojo. Sou Uma Preta.
E capitalizo meu nome.

Não me tirem o meu nome.

**(s.d.)**

## A mãe

Os abortos não deixarão que esqueça.
Você lembra os filhos que teve e que não teve,
As massinhas úmidas com pouco ou nenhum cabelo,
Cantores e trabalhadores que nunca manejaram o ar.
Você nunca será negligente ou baterá neles
Nem os calará ou os comprará com doces.
Nunca os proibirá de chupar o dedo
Ou afastará os fantasmas a caminho.
Nunca os deixará, controlando seu suspiro lascivo,
Voltará para fazê-los de lanche com olhos famintos de mãe

Tenho escutado nas vozes do vento as vozes dos meus
[filhos de morte opaca.
Tenho me contraído. Tenho ninado
Meus filhos opacos nos seios que nunca puderam mamar.
Disse, docinhos, se pequei, se acabei
Com sua sorte
E suas vidas de alcance inacabado,
Se roubei aniversários e nomes,
Lágrimas de neném e brincadeiras,
Amores afetados ou adoráveis, seus tumultos, casamentos,
[dores e mortes,
Se envenenei o princípio de seu respiro,
Acreditem que, mesmo em minhas deliberações, não fui
[deliberada.
Por que eu lamentaria
Que o crime cometido não foi o meu?
De um jeito ou de outro, vocês estão mortos.
Ou melhor, ou em vez disso,

Nunca foram gerados.
Mas infelizmente também isso
É falho: ai, o que vou dizer, como se diz a verdade?
Vocês nasceram, encorparam, morreram.
É só que nunca riram ou fizeram planos ou choraram.

Acreditem em mim, amei todos vocês.
Acreditem, eu os conheci, ainda que breve, e eu amei, eu
[os amei,
Todos vocês.

**1945**

## Sadie e Maud

Maud foi para a faculdade.
Sadie ficou em casa.
Sadie pegou a colher
E tirou a raspa do tacho.

Não deixou uma sobra.
Com a colher raspou todo o tacho.
Sadie era a menina mais viva
Do pedaço.

Sadie pariu dois bebês
Ainda com nome de moça.
Maud e a mãe e o pai
Quase morreram de vergonha.

Quando Sadie disse o último até-já
As meninas dela meteram o pé.
(Sadie havia deixado para as duas
Sua colher.)

Maud, a que foi pra faculdade,
É um rato fraco e pardo.
Ela hoje vive só
Em seu velho barraco.

**1945**

## Nós é bala

Nós é bala. Nós
Saiu da sala. Nós

Marca a noite. Nós
Vai pro ataque. Nós

Canta o pecado. Nós
Curte o barato. Nós

Desafia a dança. Nós
Morre criança.

**1960**

## Uma canção à porta de casa

Fiquei na porta da frente a minha vida toda.
Quero uma espiada nos fundos,
Onde é áspero, descuidado e as ervas daninhas crescem
[famintas.
Uma garota se cansa de rosinhas.

Quero ir para o quintal agora
E talvez descer pelo beco
Até onde brincam as crianças do abrigo.
Hoje quero perigo.

Elas fazem coisas demais.
Elas se divertem demais.
Minha mãe faz piada, mesmo que eu prove
Que elas não precisam ir pra casa quinze pras nove.
Minha mãe me diz que a Johnnie Mae*
Vai crescer e virar uma mulher má.
Que o George vai parar na cadeia já já
(Por ter vendido nosso portão dos fundos no inverno
[passado).

Mas tudo bem. Juro, tudo bem.
Eu gostaria de ser uma mulher má também
E usar meias corajosas de renda preta à noite,
E desfilar pelas ruas com a cara cheia de ruge.

**1963**

* Assim como os nomes que dão título ao poema "Sadie e Maud", Johnnie Mae é provavelmente um nome comum a grupos negros à época. (N.T.)

**Tradução**
Lubi Prates

# MAYA ANGELOU

(1928–2014)

Marguerite Ann Johnson adotou o nome pelo qual era chamada pelo irmão na década de 1950, quando se tornou atriz. Nascida em Saint Louis, no Missouri, foi uma das mais importantes escritoras afro-americanas. Durante a infância, viveu na Califórnia, no Arkansas, em St. Louis e Stamps; ela e o irmão passaram a maior parte dessa fase da vida com a avó paterna. Aos oito anos de idade foi estuprada pelo namorado da mãe e passou anos sem falar, se comunicando apenas pela escrita.

Maya foi poeta, escritora, ativista dos direitos civis, historiadora, atriz, dançarina e cantora. Nos anos 1960, trabalhou na África como jornalista e professora, ajudando muitos movimentos de independência daquele continente.

Os escritos de Maya Angelou são um reflexo das lutas contra a discriminação racial, a desigualdade de gênero e os desafios de sobrevivência de pessoas negras na sociedade contemporânea. Em sua vasta obra, ela documentou a rica experiência feminina afro-americana desde os primeiros dias do Movimento dos Direitos Civis até os tempos mais atuais.

*Eu sei por que o pássaro canta na gaiola*, seu primeiro livro e autobiografia, foi publicado originalmente em 1970. Talvez, até hoje, ao lado do poema "Ainda assim me levanto", de 1978, seja sua obra mais conhecida. Em poesia, também é autora de *Just Give Me a Cool Drink of Water 'fore I Diiie*, de 1971; *I Shall Not Be Moved*, de 1990; *Phenomenal Woman: Four Poems Celebrating Women*, de 1995; *Celebrations, Rituals of Peace and Prayer*, de 2006, entre muitos outros livros. Em 1993, Maya Angelou recebeu o Grammy de melhor texto recitado por sua leitura de "The Pulse of Morning" na posse do presidente Bill Clinton.

Faleceu aos 86, em 2014, na cidade de Winston-Salem, Carolina do Norte.

## Chamada

Ele era chamado de homem de cor
depois de responder a um "ô, preto".
Isso é um salto gigante,
seja lá o que você pensa.
Ó, gata, olha a minha fumaça.
De homem de cor pra Preto,
Com P maiúsculo,
era como dizer Japonês
em vez de dizer Japa.
Digo, isso na época da guerra.
O grande passo seguinte
foi uma mudança real,
de Preto com P maiúsculo
pra judeu.
Agora, canta, Yiddish Mama.*
Pele clara, bege, marrom
e marrom-escuro
Eram cores ok para
descrever ele na época.
Ele era um buquê de rosas.
Ele mudou as suas estações
como um almanaque.
Agora, você vai se machucar
se não chamar ele de "Negro".
Preto, dessa vez não tô brincando.

**1969**

* "Yiddish Mama" é uma canção que homenageia uma mãe judia.

## Minha culpa

Minha culpa são "as correntes da escravidão", por muito
[tempo
o barulho do ferro caindo ao longo dos anos.
Este irmão vendido, esta irmã que se foi,
tornam-se uma cera amarga tapando os meus ouvidos.
Minha culpa fez música com as lágrimas.

Meu crime são "os heróis mortos e esquecidos",
Vesey, Turner, Gabriel, mortos,
Malcolm, Marcus, Martin King, mortos.
Eles lutaram muito e amaram bastante.
Meu crime é estar viva para contar.

Meu pecado é "estar pendurada numa árvore",
Eu não grito, isso me deixa orgulhosa.
Decidi morrer como um homem.
Faço isso para impressionar a multidão.
Meu pecado está em não gritar.

**1969**

## Quando penso sobre mim mesma

Quando penso sobre mim mesma,
Gargalho até quase morrer,
Minha vida tem sido uma grande piada,
Uma dança que se anda,
Uma canção que se fala,
Gargalho tanto que quase perco o ar,
Quando penso sobre mim mesma.

Sessenta anos no mundo dessa gente,
A criança que eu sirvo me chama de garota,
Eu respondo "Sim, senhora" por causa do trabalho.
Muito orgulhosa para me curvar,
Muito pobre para me quebrar,
Gargalho até meu estômago doer,
Quando penso sobre mim mesma.

Minha gente pode me fazer cair na gargalhada,
Rir tanto até quase morrer,
As histórias que eles contam soam como mentiras,
Eles cultivam a fruta,
Mas só comem a casca,
Gargalho até começar a chorar,
Quando penso sobre minha gente.

**1971**

## Ainda assim me levanto

Você pode me marcar na história
Com as suas mentiras amargas e torcidas
Você pode me esmagar na própria terra
Mas ainda assim, como a poeira, eu vou me levantar.

Meu atrevimento te perturba?
O que é que te entristece?
É que eu ando como se tivesse poços de petróleo
Bombeando na minha sala de estar.

Assim como as luas e como os sóis,
Com a certeza das marés,
Assim como a esperança brotando,
Ainda assim, eu vou me levantar.

Você queria me ver destroçada?
Com a cabeça curvada e os olhos baixos?
Ombros caindo como lágrimas,
Enfraquecidos pelos meus gritos de comoção?

Minha altivez te ofende?
Não leve tão a sério
Só porque eu rio como se tivesse minas de ouro
Cavadas no meu quintal.

Você pode me fuzilar com as suas palavras,
Você pode me cortar com os seus olhos,
Você pode me matar com o seu ódio,
Mas ainda assim, como o ar, eu vou me levantar.

Minha sensualidade te perturba?
Te surpreende
Que eu dance como se tivesse diamantes
Entre as minhas coxas?

Saindo das cabanas da vergonha da história
Eu me levanto
De um passado enraizado na dor
Eu me levanto
Sou um oceano negro, vasto e pulsante,
Crescendo e jorrando eu carrego a maré.

Abandonando as noites de terror e medo
Eu me levanto
Para um amanhecer maravilhosamente claro
Eu me levanto
Trazendo as dádivas que os meus ancestrais me deram,
Eu sou o sonho e a esperança dos escravizados.
Eu me levanto
Eu me levanto
Eu me levanto.

**1978**

## Mulher fenomenal

Mulheres bonitas se perguntam qual é o meu segredo.
Não sou bonita nem fui construída para caber em roupas
[de modelo
Mas quando começo a falar,
Acham que eu estou mentindo.
Eu digo,
É o alcance dos meus braços,
A largura dos meus quadris,
O avanço dos meus passos,
A curva dos meus lábios.
Eu sou mulher
De um jeito fenomenal.
Uma mulher fenomenal,
Essa sou eu.

Eu entro em um lugar
Com toda a tranquilidade,
E encontro um homem,
Seus amigos se levantam ou
Caem de joelhos.
Então, eles me rodeiam como um enxame,
Uma colmeia de abelhas.
Eu digo,
É o fogo dos meus olhos,
E a claridade dos meus dentes,
O balanço da minha cintura.
E a alegria dos meus pés.
Eu sou mulher
De um jeito fenomenal.

Uma mulher fenomenal,
Essa sou eu.

Os próprios homens se perguntam
O que veem em mim.
Eles tentam muito
Mas não conseguem alcançar
Meu mistério íntimo.
Quando eu tento mostrar,
Dizem que ainda não podem ver.
Eu digo,
É o arco das minhas costas,
O sol do meu sorriso,
A curva dos meus seios,
A graça do meu estilo.
Eu sou mulher
De um jeito fenomenal.
Uma mulher fenomenal,
Essa sou eu.

Agora você entende
Porque minha cabeça não está abaixada.
Eu não grito nem me exalto
Nem tenho que falar alto.
Quando você me vê passando,
Deve se sentir orgulhoso.
Eu digo,
É o barulho dos meus saltos
É a curva dos meus cabelos,
A palma da minha mão,

A necessidade da minha atenção.
Porque eu sou mulher
De um jeito fenomenal.
Uma mulher fenomenal,
Essa sou eu.

**1978**

**Tradução**
Bruna Barros, Jess Oliveira
e tatiana nascimento

# AUDRE LORDE

**(1934–1992)**

Escritora, poeta, ativista e referência nas lutas feministas, LGBT, do movimento negro e dos direitos civis. Nascida em Nova York, filha de pais caribenhos, Audrey Geraldine Lorde abriu mão do "y" de seu nome original ainda criança, como ela mesma narra em sua biografia *Zami: Uma nova grafia do meu nome, uma biomitografia* (1982). Formou-se em biblioteconomia pela Universidade da Cidade de Nova York, em 1959, e fez o mestrado nesta mesma área na Universidade de Columbia, em 1966.

Seu primeiro livro de poesia, *The First Cities*, foi publicado em 1968. A atuação na militância e no ativismo político, feminista e lésbico, assim como a experiência da diáspora estão fortemente presentes em sua poesia, em livros como *Entre nós mesmas* (1976) e *A unicórnia preta* (1978). Entre as suas obras de ensaios, destaca-se *A irmã outsider*, de 1984. Também publicou, em 1980, *The Cancer Journals*, em que narra sua luta contra o câncer.

Em 1977, tornou-se editora de poesia no jornal feminista *Chrysalis* e, três anos mais tarde, para disseminar a produção de feministas negras, fundou a editora Kitchen Table: Women of Color Press, com a escritora Barbara Smith.

Ao longo de sua carreira, Audre Lorde recebeu diversos prêmios, entre os quais as bolsas concedidas pelo National Endowment for the Arts, em 1968 e 1981, e pelo Creative Artists Public Service Program, de 1972 e 1976, além do prêmio de excelência literária de Manhattan, de 1987. Em 1991, foi nomeada poeta laureada pelo estado de Nova York.

Faleceu em 1992, aos 58 anos, na ilha caribenha de Santa Cruz.

## Pra cada uma de vocês

Sejam quem são e serão
aprendam a celebrar
aquele Anjo Negro ruidoso que lhes guia
pelos altos e baixos dos dias
protegendo o lugar donde seu poder emerge
correndo feito sangue quente
da mesma fonte
que sua dor.

Quando sentirem fome
aprendam a comer
o que quer que dê sustância
até a manhã
mas não se deixem perder em detalhes
simplesmente porque vocês os vivem.

Não deixem sua mente negar
suas mãos
memória alguma do que passa por elas
nem seus olhos
nem seu coração
tudo pode ser usado
menos o que é inútil
(vocês precisarão
se lembrar disso quando forem acusadas de destruição.)
Mesmo quando forem perigosas examinem o coração
[das máquinas que vocês odeiam
antes de descartá-las
e nunca lamentem sua falta de poder

pra que não condenem vocês
a revivê-las.
Se vocês não aprenderem a odiar
nunca ficarão sós
o bastante
para amar facilmente
tampouco serão sempre corajosas
embora isso tampouco brote fácil

Não finjam crenças convenientes
mesmo quando são justificadas
vocês nunca conseguirão defender sua cidade
enquanto gritam.

Lembrem-se que nosso sol
não é nem a estrela mais digna de menção
nem a mais próxima.

Respeitem qualquer dor que venha
dos seus sonhos
mas não procurem deuses novos
no mar
nem em qualquer parte de um arco-íris
Cada vez que amarem
amem tão fundo
como se fosse
para sempre
só que nada é
eterno.

Falem com suas crias orgulhosamente
onde quer que as encontrem
digam a elas
vocês descendem de escravizades
e sua mãe foi
uma princesa
na escuridão.

**1973**

## Ladainha pela sobrevivência

Pras nossas que vivem na margem
beirando os precipícios constantes da decisão
encruz/ilhadas sozinhas
pras nossas que não podem nutrir
sonhos fugazes de escolha
que amam na soleira entre cada ida e vinda
nas horas antes do amanhecer
olhando pra dentro e pra fora
um mesmo olho antes-depois
buscando um agora que possa parir
futuros
que alimentem nossas crianças
pra que os sonhos delas não reflitam
a morte dos sonhos nossos;

Pras nossas
marcadas pelo medo
cunhado em linha fraca no meio de cada testa
aprendendo a temer com o leite de nossa mãe
pois foi com essa arma
essa ilusão de segurança pouca
que os botas pesadas quiseram nos calar
Pras nossas, nóis todas
esse instante e essa vitória
Nunca foi pra nóis vingar.

E quando o sol nasce a gente tem medo
que ele vá embora
quando o sol dorme a gente tem medo

que ele não volte amanhã
de bucho cheio a gente tem medo
da indigestão
de barriga vazia a gente tem medo
de não comer mais
quando amada a gente tem medo
que o amor se vá
quando sozinha a gente tem medo
de amor nenhum voltar
quando a gente fala, a gente tem medo
que as palavras não encontrem escuta
nem colo
e quando a gente cala
A gente tem medo ainda

Então melhor falar
lembrança
que nunca foi pra nóis vingar

**1978**

## Uma mulher fala

Enluarada e tocada pelo sol
minha magia não é escrita
mas o vai e vem do mar
desenha minha silhueta.
Não busco favor
intocado por sangue
implacável feito maldição de amor
perene feito meus erros
ou meu orgulho
eu não misturo
amor com pena
nem ódio com desdém
e se for me conhecer
procure nas carnes de Urano
onde rebentam revoltos oceanos.

Não me atenho
ao meu nascer nem minhas deusas
pois sou eterna e quase gente grande
e ainda no vestígio
de minhas irmãs
bruxas de Daomé
me guardam em suas vestes torcidas
como nossa mãe guardava
o pranto.

Já sou mulher
há muito tempo
cuidado com esse sorriso

feitiço perigoso com magia antiga
e a verde fúria do meio-dia
com tantos mais futuros
prometidos
sou
mulher
e não sou branca.

**1984**

## Poder

A diferença entre poesia e retórica
é estar pronta para se
matar
em vez de a suas crianças.

Estou emboscada num deserto de cruas feridas de
[metralhadoras
e uma criança morta arrastando sua quebrada negra (en)
cara (a) beira do meu sono afora
o sangue de suas bochechas e ombros perfurados
é o único líquido em milhas
e meu estômago
se contorce ao gosto imaginado enquanto
minha boca se parte em lábios secos
sem lealdade ou razão
sedenta pela umidez do sangue dele
no que afunda branquidão adentro
no deserto onde me perco
sem imageria ou magia
tentando criar poder do ódio e da destruição
tentando curar meu filho morto com beijos
mas o sol vai alvejar seus ossos antes.

Um policial que executou um menino de dez anos de
[idade no Queens
postou-se sobre o garoto com suas botas de gambé em
[sangue infantil
e uma voz disse "Morre, seu muleque filho da puta" e

há gravações que provam isso. Em seu julgamento
o policial disse em sua própria defesa
"Eu não percebi a idade nem nada disso
só a cor." E
há gravações que provam isso, também.

Hoje esse homem branco de 37 anos
com 13 anos de serviço policial
foi inocentado
por onze homens brancos que disseram estar safisfeitos
justiça fora feita
e por uma Mulher Negra que disse
"Eles me convenceram", ou seja,
eles arrastaram sua base de 1 metro e meio de Mulher
[Negra
sobre o carvão em brasa
de quatro séculos de aprovação branca masculina
até que ela abrisse mão
do primeiro poder real que ela teve na vida
e cobriram seu próprio útero com cimento
para fazer o túmulo das nossas crianças.

Eu não consegui tocar a destruição
dentro de mim.
Mas a não ser que eu aprenda a usar
a diferença entre poesia e retórica
meu poder também vai jorrar corrupto feito mofo
[envenenado
ou quedar inerte e inútil feito um fio desplugado
e um dia eu vou pegar meu plug adolescente

e conectá-lo na tomada mais próxima
estuprando uma idosa branca de 85 anos
que é mãe de alguém
e no que a espanco até perder os sentidos e taco fogo em
[sua cama
um coro grego vai cantar em compasso ternário
"Pobrezinha. Nunca fez mal a ninguém. Quão bestiais
[eles são."

**1978**

## Revolução é uma forma de mudança social

Quando o cara tá ocupado
fazendo meninos negros
não importa
de que tom
você seja.

Se acaba o estoque de
uma cor específica
ele pode sempre partir
pro tamanho
e quando terminar
com os grandes
ele vai partir pro sexo
que é afinal
onde tudo começou.

**(s.d.)**

**Tradução**
Sara Ramos

# JAYNE CORTEZ

(1934–2012)

Jayne Cortez nasceu em Fort Huachuca, Arizona, e cresceu na Califórnia. Foi uma renomada poeta, *performer* e ativista, associada à cena artística e política do Black Arts Movement, nos anos 1960 e 1970. Em 1964, fundou a Watts Repertory Theatre Company, companhia de teatro na qual fez as primeiras leituras de poesia. Oito anos depois, abriu sua própria editora, a Bola Press.

A música de Duke Ellington, Louis Armstrong, Count Basie, e a poesia de Paul Laurence Dunbar, James Weldon Johnson e Langston Hughes deixaram uma marca profunda na juventude de Cortez. Na década de 1950, estava imersa na cena musical negra vibrante em Los Angeles. Fazia aulas de piano, estudava harmonia e teoria musical. Poemas como "Rose Solitude (for Ellington)" e "Miles Davis' Trumpet" não apenas refletem sua admiração por esses artistas, mas também revelam uma consciência aguçada das dinâmicas sonoras presentes em sua própria obra.

Além de publicar diversos livros de poesia, incluindo *Mouth on Paper*, em 1977, e *Somewhere in Advance of Nowhere*, de 1996, lançou diversas músicas de sua autoria, muitas das quais com sua banda, os Firespitters. É reconhecida como uma poeta liricamente inovadora e visceral, e seu trabalho poético e performático foi apresentado em universidades, festivais e museus dos Estados Unidos. Presente em an-tologias referenciais, como *Postmodern American Poetry*, de 1994, e *Poems for the Millennium*, de 1995, seus poemas foram traduzidos para 28 idiomas.

Recebeu diversos prêmios, como o American Book Award, em 1980, e a medalha Langston Hughes, em 2001.

Jayne Cortez viveu em Dakar, Senegal, e na cidade de Nova York, onde faleceu em 2012.

## E aí é que tá

Meu amigo
para eles não importa
se você é um individualista
um esquerdista  um direitista
um imbecil ou uma serpente
Eles tentarão explorar você
engolir você confinar você
dissolver você isolar você
ou matar você

E você irá desaparecer na sua própria raiva
na própria insanidade
na própria miséria
dentro de uma palavra uma frase um slogan uma
[caricatura
e então cinzas

A classe dominante te dirá que
não há classe dominante
enquanto faz de sua base liberal
grupos de linchamento supremacistas brancos
de suas crianças,
membros da ku klux klan
de sua força de segurança,
policiais assassinos
de seu meio de propaganda, um instrumento
para nos ossificar com pó de anjo
para domar nossos cabelos afro
através de símbolos ocidentais

inocular em nós o ódio
nos sentenciar à ignorância
nos hipnotizar com sons monótonos projetados
para que queiramos fugir da realidade e desistir da vida
e assim nos programam à autodestruição
a fragmentos
enterrados sob operações secretas de inteligência
de comitês desinteligentes impulsionados para a morte
E aí é que tá

Os inimigos polindo seus pênis entre
poços de petróleo no pentágono
as escavadeiras saltando em danças de demolição
os mais velhos morrendo de fome
os X9s gastando sapatos em busca de migalhas
o sangue vital da terra quase morto
na gananciosa boca do imperialismo
E meu amigo
para eles não importa
se você é um individualista
um esquerdista  um direitista
um imbecil ou uma serpente

vão infectar você com o
vírus da doença dos legionários
encher suas narinas com a
gripe suína da arrogância branca
entupir seu corpo com absorventes da
síndrome do choque tóxico
bombear todos os recursos do mundo

para dentro das próprias veias
e voar rumo ao azul selvagem a fim
de poluir outro planeta

e se não lutarmos
se não resistirmos
se não nos organizarmos e nos unificarmos e
tomarmos o poder de controlar as nossas vidas
então estaremos vestindo
o olhar exagerado do cativeiro
o olhar estilizado da submissão
o olhar bizarro do suicídio
o olhar desumano do medo
e o olhar decomposto da repressão
para todo e todo o sempre
E aí é que tá

**2009**

## Os opressionistas

Arte
de que importa a arte
para os supressores
da arte
eles seguem as massas
chafurdam em recortes de manchete
& exalam mau cheiro por todo o planeta
com sua
opressão pornográfica
Arte
para eles de que importa a arte
primeiro se dizem
progressistas contemporâneos
mas se revelam caricaturas da velha política
e se nomeiam encarregados da censura
eles não financiam a arte
mas financiam as guerras
a pobreza
o câncer de pulmão
o racismo
o colonialismo
e a lama tóxica
essa é sua moralidade
essa é sua convicção religiosa
essa é sua política de segurança pública
& a contribuição para o entretenimento da família
para eles de que importa a arte

**2009**

## Estupro

O que Inez García[*] deveria fazer ao homem que declarou
[guerra contra o seu corpo
o homem que forçou uma zona de combate entre os seus
[seios
por acaso deveria lamber seu saco piolhento
beijar cada espinha de sua bunda
assoprar hálito quente no seu membro
afastar os lábios da própria vagina e
ele relinchava como um burro da Califórnia

Isto é guerra para Inez
firme, ela encarou a faca
os insultos e
o próprio cheiro impregnado no pênis
do homem que a estuprou

Firme, ela com um rifle na mão
fazendo o que qualquer departamento de defesa faz em
[tempos de guerra
e quando o homem começou a gemer e ofegar e
se contorcer pra frente como um porco gigante
Ela encheu de bala os seus duzentos quilos de carne
[trêmula

* Em 1974, após ter sido estuprada por dois homens em Soledad, na California, Inez García (1941-2003) se dirigiu à residência dos agressores portando um rifle. Dias depois, foi condenada pelo assassinato de um deles. Enquanto estava presa, seu caso ganhou notoriedade e apoio civil, permitindo que passasse por outro julgamento, o qual, além de absolvê-la em 1975, abriu precedente legal para casos de reação não imediata à agressão sexual. (N.T.)

O despachou diretamente para a Virgem de Guadalupe
então celebrou o dia do maldito estuprador morto
e que caralho mais ela poderia fazer

E o que Joanne Little* deveria fazer ao homem que
declarou guerra à sua vida
Por acaso deveria meter a língua
naqueles lábios podres como privada
chupar os números do distintivo metálico
engasgar nas suas bolas sujas de gonorreia
rebolar na sua cabeça apodrecida de vermes
cantando "deus abençoe os estados unidos obrigada por
[destruir a minha vida"?

Isto é guerra para Joanne
ela fez o que qualquer departamento de defesa faz em
[tempos de guerra
E quando o guarda beberrão de merda lambedor de botas
[disse
"Vou fazer você desejar ter morrido sua vadia negra
vem aqui"
Joanne foi pra cima com o picador de gelo
no peito do militar nojento filho da puta
sim, na goela daquele policial racista

* Também em 1974, Joanne Little (1953) cumpria pena em uma penitenciária de Washington quando Clarence Alligood, um guarda branco a forçou a ter relações sexuais sob a ameaça de um picador de gelo. Quando consegue tomar a arma, ela mata seu agressor e foge. Joanne teria sido sentenciada à pena de morte se não tivesse chamado a atenção de juristas e dos movimentos sociais. Foi a primeira mulher negra absolvida por autodefesa e o caso fundamentou os debates legais ao redor do tema. (N.T.)

Joanne fez a dança do picador de gelo e mais uma vez
de norte a sul
de casa em casa
nós celebramos o dia do maldito estuprador morto
e que mais caralho nós poderíamos fazer

**1984**

## Há quanto tempo Trane* se foi

Me conte das coisas boas
você aplaudindo & sorrindo

Você vai se lembrar
ou esquecer

Esquecer das coisas boas
como o Blues & o Jazz serem negros
Sim *black music*
é tudo sobre você

E os músicos que
escrevem & tocam a seu respeito
um irmão negro grunhindo
uma irmã negra gemendo
& lindas crianças negras
em farrapos... rindo subnutridas
sem entender –

Você lembrará seus nomes
ou não há nomes para eles
Nenhuma vida – produto somente
para você usar quando quiser
dançar foder & chorar

* O poema de Jayne Cortez faz brilhante uso do jogo de palavras entre as últimas sílabas do nome Coltrane e *train* – trem, em inglês. Na língua falada, a diferença entre suas sonoridades é quase imperceptível. (N.T)

Você recebe – eles dão
Você vive – eles
criam
e morrem de fome
tentando alcançar um futuro melhor
Dar uma história para você & a suas crianças
Mas de que te importa
a história – história negra
e John Coltrane
Não
O que você quer
é beijar os próprios pés
tomar um gole & fingir
enquanto balança a cabeça pra cima & pra baixo

De que te importa a acústica
microfones ruins ou pianos desafinados
& ruído
Vocês donos de boates e DJs
chegaram a um acordo não foi
um acordo sobre a *black music*
& na verdade não dão a mínima
desde que possam receber

Houve um tempo
quando as estações de rádio tocavam tudo da *black music*
de Charlie Parker a Johnny Ace
show após show
mas o que aconteceu
vou te contar o que aconteceu
dividiram a *black music*

duplicaram os lucros
& mais uma vez fomos partidos ao meio
é o que aconteceu

John Coltrane está morto & alguns
de vocês
ainda não o ouviram tocar
Há quanto tempo aquele Trane se foi

e quantos mais Tranes irão partir
antes que você entenda a sua própria vida
John Coltrane viveu completamente
envolto em si bemol
John Coltrane tipo Malcolm
o retrato da masculinidade negra

Agora me conte das coisas boas
estou te contando sobre
John Coltrane

Um nome que deve ecoar
na voz das mães do subúrbio
Mãe com filhos
que precisam de John Coltrane
do braço quente da sua música
como as palavras de um Pai
palavras de Conforto
palavras de África
palavras de Seja bem-vindo
Há quanto tempo há quanto tempo aquele Trane se foi

John pulsando notas de amor
numa nação des-encontrada
no interior da nação
Sua música ressoando descoberta
assinada Sempre
John Coltrane

Arranque esses brancos mortos de
suas paredes povo negro
povo negro cujas paredes
devem compor um hall
Um Hall da Fama negro
para que nossas crianças saibam
saibam & tenham orgulho
Orgulho em dizer eu sou da Cidade de Parker – Cidade
[de Coltrane – Cidade de Ornette
Cidade de Pharoah e moro na Rua Holiday ao lado
do Parque James Brown no Estado de Malcolm

Quanto tempo
quanto tempo
vai levar até que você entenda
Trane partiu
carregado em um rádio portátil
ao lado do seu filho que está sozinho
Que caminha caminha caminha para o nada
nenhuma cidade estado casa nada
quanto tempo
Há quanto tempo
o povo negro partiu

**(s.d.)**

## Fã de jazz volta no tempo

Atravessei encruzilhadas com Monk*
Chorei pesares com Bud
Contei cada estrela com Stitt
Cantei "Don't Blame Me" com Sarah
Me adornei em flores como Billie
Gritei no timbre de Dinah
& improvisei o *scat* de "How High the Moon" com Ella
[Fitzgerald
enquanto sua voz estremecia telhado afora no Shrine
[Auditorium
Jazz at the Philharmonic

Fiz dreads permanentes no cabelo
Transformei meus pés em metrônomos rebeldes
Encaixei agulhas de disco em tinta sobre papel
Aprendi o idioma do *bebop*
Gargalhei em tom agudo frases de saxofone
Tornei-me guardiã de cada solo de Bird
de cada sopro de Lester
enquanto Hawk melodiava meu ouvido em línguas
[encantadas
& Blakey batucava mensagens militantes
ritmando a alma de meus dentes a aplaudir
& as notas graves de Ray iam até a última poltrona de
[amor em meus ossos
Movi-me em tempo triplo com Max

* Todos os nomes citados são de grandes personalidades do jazz dos Estados Unidos, como Thelonious Monk, Billie Holiday, entre outras e outros. (N.E.)

Entrei no compasso do *groove* de Diz
Me perdi com Pettiford
Voei para casa ao lado de Hamp
Me embaralhei no baralho de Dexter
Saltitando “Squatty-roo” com Peterson
Sonhei com a “52nd Street Theme” de Fats
& improvisei o *scat* de “Lady Be Good” com Ella
[Fitzgerald
enquanto sua voz estremecia telhado afora no Shrine
[Auditorium
Jazz at the Philharmonic*

**(s.d.)**

* Série de concertos e shows de jazz, também conhecida como JATP, produzida por Norman Granz entre 1944 e 1983. (N.T.)

Tradução
Sara Ramos

# SONIA SANCHEZ

(1934–)

Nascida em Birmingham, Alabama, Sonia Sanchez é uma das mais aclamadas poetas dos Estados Unidos e também dramaturga e ensaísta. Após a morte de sua mãe, quando tinha um ano de idade, morou com a avó e, aos nove anos, mudou-se para Nova York com seu pai, irmã e madrasta. Estudou redação criativa com a poeta Louise Bogan na Universidade de Nova York. Após a publicação da sua primeira coletânea de poesia, *Homecoming*, em 1969, fortemente influenciada pelo blues, passou a ser reconhecida como uma das vozes mais importantes do Black Arts Movement. O livro seguinte, *We a BaddDDD People*, de 1970, consolidou traços importantes da sua escrita, como o compromisso com o nacionalismo negro, o interesse pelos ambientes urbanos, críticas políticas e linguagens experimentais.

Durante a segunda metade da década de 1970, uma transformação temática e estilística ocorre em sua poesia e seus livros passam a abordar também temáticas ligadas às relações amorosas, à comunidade e ao empoderamento, como pode ser visto em *I've Been a Woman*, de 1978; e *Homegirls and Handgrenades*, de 1984, vencedor do American Book Award. Depois vieram obras como *Does Your House Have Lions?*, de 1997; *Shake Loose My Skin*, de 1999; e *Morning Haiku*, de 2010.

Além de seu trabalho como poeta, Sonia Sanchez publicou peças de teatro, contos, ensaios e livros para crianças. Entre os muitos prêmios que recebeu estão o prêmio Harper Lee, de 2004, o prêmio Robert Creeley, em 2009, e o prêmio Wallace Stevens, oferecido pela Academia de Poetas Americanos, em 2018. Em 2022, recebeu a Medalha Edward MacDowell, o prêmio Barnes & Noble Writers for Writers e o Jackson Poetry Prize. Mora na Filadélfia.

## Presente

Esta mulher expelindo sua
fome pelo mundo
esta mulher melancólica esquecida
antes que a memória chegasse
este movimento afrobege irrompendo como
as melodias de coltrane, boca a boca
nádegas movendo-se como palmeiras,
esta mulherdoalabamacordemel
chovendo ritmos para sorrisos/negros/celestes
esta mulher afrobege carregando por baixo dos seios
prazeres sem línguas
esta mulher cujo corpo ondula
linhas do deserto,
esta mulher encharcada do caminho,
revivendo a beleza de florestas e ventos
está te contando segredos
respire fundo e escute
enquanto ela entoa os contornos da memória.

não existe lugar
para uma mulher/negra/serena.
não há sorrisos imaturos o bastante ou
palavras de verão quentes o bastante para permitir meu
[crescimento.
e na minha cabeça
visualizo minha história
quieta como uma criança tímida
e canto canções de ninar
enquanto monto meu passado a cavalo

provando a sede das tribos de ontem
ouvindo a mulher/negra/ancestral
eu, cantando hay-hay-hay-hay-ya-ya-ya.
hay-hay-hay-hay-ya-ya-ya.
como um incenso queimando
sob o sol
e eu danço a minha
criação, e as minhas avós se condensam
em meus ossos, como grandes pássaros de madeira
que abrem asas
enquanto suas longas/pernas/risadas
riscam a noite.
e saboreio
as estações de meu nascimento. mangas. mamões.
bebo meu leite/de coco/de mulher
recrio os passos de avôs ancestrais
bebericando em tardes infindas
caminho como se uma canção bamboleasse minha
[cintura
estremeço como uma criança/recém-nascida/aflita
de respiração nova
e o meu cantar
se torna o único som de uma
mulher/negra/mágica/celeste. marchando.
útero maduro. marchando. barulhenta pela manhã.
marchando.
peregrinando rumo a si mesma. marchando.

**(s.d.)**

## Agarre-se ao fogo

(Às vezes me pergunto:
O que dizer para você agora
no ar sereno da tarde enquanto você
abraça todos nós numa única morte?)
Eu digo—
Onde está seu fogo?
Eu digo—
Onde está seu fogo?

Você tem que encontrar e passar adiante
Você tem que encontrar e passar adiante
de você pra mim de mim pra ela dela
pra ele do filho pro pai do
irmão pra irmã da filha pra
mãe da mãe pra criança.

Onde está seu fogo? Eu digo, onde está seu fogo?
Você não o sente emanar do nosso passado?
O fogo de estar vivo...não morrer
O fogo de amar...não matar
O fogo da Negritude...sem sombras de gângster.
Onde está o nosso belo fogo que iluminou
o mundo?
O fogo das pirâmides;
O fogo que queimava buracos nos
navios negreiros e nos permitia respirar;

O fogo que fez das sobras uma feijoada;*
O fogo que juntou ritmos e criou o jazz;

O fogo das ocupações e protestos que nos lançou
além de limites e fronteiras;
O fogo que fez das conversas de rua
raps dignos de imotepe.**
Onde está seu fogo, a tocha da vida
flamejando Nzingha e Nat Turner e Garvey
e DuBois e Fannie Lou Hamer e Martin
e Malcolm e Mandela.***
Irmã/Mana Irmão/Mano Venha/Venham

AGARRE-SE AO FOGO...NÃO MATE
ABRACE SEU FOGO...NÃO MATE
CONHEÇA O SEU FOGO...NÃO MATE
SEJA O FOGO...NÃO MATE
Agarre-se ao fogo e arda com olhos
que enxergam nossa alma:
CAMINHANDO.

* No original, *chitterlings*, um prato desenvolvido pela população escravizada a partir de miúdos de porco, as sobras da casa grande norte-americana. No Brasil, feijoada possui trajetória semelhante, resultado da inventividade negra brasileira diante da escassez. (N.T.)

** O polímata egípcio Imotepe viveu entre 2686 e 2613 a.C. e é considerado um verdadeiro gênio da antiguidade, sendo creditado pelo projeto da primeira pirâmide egípcia. (N.T)

*** Os nomes citados nesta estrofe são de figuras históricas que, à sua maneira, lutaram pela sobrevivência e dignidade de suas comunidades: através da diplomacia e da guerrilha, como fez a rainha africana Nzingha; das rebeliões, como a de Nat Turner; e ainda Martin Luther King, W.E.B. Du Bois, Fannie Lou Hamer e Nelson Mandela. (N.T.)

CANTANDO.
CONSTRUINDO.
GARGALHANDO.
APRENDENDO.
AMANDO.
ENSINANDO.
EXISTINDO.
Ei. Irmão/Mano. Irmã/Mana.
Te ofereço minha mão.
Agarre-se ao fogo...e viva.
viva.
vivavivaviva.
vivavivaviva.
viva.
viva.

**1995**

## Carta pessoal n.º 3

nada irá nos manter
jovens, sabe
nem homens ou
mulheres jovens que embalam
sua juventude ao
som de novidades.
somos o que
somos o que nunca
pensamos ser.
sem mais selvagens geo
grafias de
carne. ecos. que
movemos em sintonia
por ares mais serenos.
é difícil
ter que admitir que
às vezes depois da meia-noite
estou cansada
de tudo isso.

**(s.d.)**

Tradução
Lubi Prates

# JUNE JORDAN

(1936–2012)

Nascida no Harlem, Nova York, foi ativista, poeta, ensaísta e professora, além de um importante nome na luta dos direitos civis, feminista e da população LGBT. Graduou-se em literatura inglesa no Barnard College, e fez pós-graduação em antropologia na Universidade de Chicago. Lecionou inglês e literatura e, mais tarde, ensinou estudos afro-americanos na Universidade da Califórnia, Berkeley, onde fundou o Poetry for the People, programa de arte e ativismo do Departamento de Estudos Afro-Americanos e da Diáspora Africana.

Seu primeiro livro de poesia, *Who Look at Me*, foi publicado em 1969; em seguida vieram títulos como *Things That I Do in the Dark*, de 1977; *Naming Our Destiny*, em 1989; e *Kissing God Goodbye: Poems*, lançado em 1997. Publicou ainda uma série de livros de ensaio como *Civil Wars*, de 1981; e *On Call: Political Essays*, de 1985; além da autobiografia *Soldier: A Poet's Childhood*, de 2000.

Na poesia, assim como nos ensaios, June Jordan aborda experiências pessoais, como questões ligadas à família e à bissexualidade, e temas da identidade racial, opressão política, raça e memória.

Jordan recebeu os prêmios Rockefeller Foundation em 1969; New York Council of the Humanities, em 1977; The National Association of Black Journalists Award, em 1984; e o National Endowment for the Arts, em 1982; além do prêmio da National Black Writers' Conference, pelo conjunto da obra, em 1998.

Faleceu em 2002, após enfrentar um câncer, experiência registrada no poema "I Guess it Was my Destiny to Live so Long".

## CONVOCANDO TODAS AS MINORIAS SILENCIOSAS

EI
VAMO LÁ
APAREÇAM

ONDE QUER QUE ESTEJAM

PRECISAMOS NOS REUNIR
NESTA ÁRVORE

NEM FOI
PLANTADA
AINDA

**1974**

## Esses poemas

Esses poemas
são coisas que faço
no escuro
tentando te tocar
quem quer que você seja
e
você está pronta?

Essas palavras
elas são pedras no rio
correndo

Essas linhas esqueletais
elas são braços desesperados para o meu anseio para o
[meu amor.

Eu sou uma desconhecida
aprendendo a adorar os desconhecidos
à minha volta

quem quer que você seja
quem quer que eu possa me tornar.

**(s.d.)**

## Poema sobre os meus direitos

Mesmo esta noite eu preciso caminhar e arejar
a minha cabeça deste poema sobre o porquê de eu não
[poder
sair sem trocar minhas roupas meus sapatos
minha postura corporal minha identidade de gênero
minha idade
meu status de mulher sozinha na noite/
sozinha na rua/sozinha não sendo o ponto/
o ponto sendo que eu não posso fazer o que quero
fazer com o meu próprio corpo porque eu tenho
o sexo errado a idade errada a pele errada e
suponha que eu não estivesse aqui na cidade mas lá na
[praia/
ou no meio da floresta e quisesse ir
até lá sozinha pensando em Deus/ou pensando
em crianças ou pensando no mundo/tudo isso
revelado pelas estrelas e pelo silêncio:
Eu não poderia ir e eu não poderia pensar e eu não
[poderia
ficar lá
sozinha
como preciso ficar
sozinha porque eu não posso fazer o que eu quero com
[meu próprio
corpo e
quem diabos arranjou as coisas
desta forma
e na França dizem que se o cara penetrar
mas não ejacular ele não me estuprou

e se depois de esfaqueá-lo se depois dos gritos se
depois de implorar ao desgraçado e se mesmo depois de
[enterrar
um martelo em sua cabeça se mesmo depois disso se ele
e seus amigos me foderem depois disso
então eu consenti e não houve
nenhum estupro porque enfim você entende enfim
eles me foderam porque eu estava errada eu estava
errada novamente em ser eu sendo eu onde eu estava/
[errada
em ser quem eu sou
que é exatamente como a África do Sul
penetrando na Namíbia penetrando em
Angola e isso quer dizer quero dizer como saber se
Pretória ejaculou como serão as evidências a
prova da ejaculação monstruosa das botas de cavalaria
[sobre a Terra Negra
e se
depois da Namíbia e se depois de Angola e se depois de
[Zimbábue
e se depois de todo o meu povo homens e mulheres
[resistindo até
a autoimolação dos povoados e se depois disso
perdermos assim mesmo o que dirão os garotões será
[que eles
reivindicarão meu consentimento:
Você Está Me Entendendo: Nós somos as pessoas
[erradas da
pele errada no continente errado e por que
raios todo mundo está sendo tão equilibrado

e de acordo com o *Times* esta semana
lá em 1966 a CIA decidiu que tinham um problema
e esse problema era um homem chamado Nkrumah*
[então eles
mataram-no e antes disso havia sido Patrice Lumumba**
e antes disso havia sido meu pai no campus
da minha universidade da Ivy League e meu pai com medo
de entrar na cafeteria porque ele dizia ele
era errado com a idade errada com a pele errada a
[identidade
de gênero errada e ele pagava minha mensalidade e
antes disso
era meu pai dizendo que eu era errada dizendo que
eu deveria ter sido um menino porque ele queria um/um
menino e que minha pele deveria ter sido mais clara e
que meu cabelo deveria ser mais liso e que
eu não deveria me interessar tanto por meninos em vez
[disso eu deveria
simplesmente ser um/um menino e antes disso
era minha mãe suplicando uma cirurgia plástica para
o meu nariz e aparelho para meus dentes e me dizendo
para largar os livros para largá-los em outras
palavras
Eu conheço bem os problemas da CIA
e os problemas da África do Sul e os problemas
da Exxon e os problemas da América branca

* Kwame Nkrumah (1909-1972) foi um líder político de Gana e um dos fundadores do Pan-Africanismo. (N.T.)

** Patrice Lumumba (1925-1961) foi um líder político do Congo, que atuou firmemente para a libertação do país da colonização belga. (N.T.)

em geral e os problemas dos professores
e dos pastores e do FBI e dos assistentes sociais
e da minha mãe e pai em específico/Eu conheço
muito bem os problemas porque os problemas
no fim das contas são
eu
Eu sou a história de estupro
Eu sou a história da rejeição de quem eu sou
Eu sou a história do encarceramento aterrorizado
de mim
Eu sou a história de agressão ameaça e intermináveis
hostes contrárias a seja lá o que eu queira fazer com
[minha mente
e meu corpo e minha alma e
seja sobre caminhar à noite
ou seja sobre o amor que eu sinto ou
seja sobre a santidade da minha vagina ou
a santidade das minhas fronteiras nacionais
ou a santidade dos meus líderes ou a santidade
de todo e qualquer desejo
que eu reconheça no meu pessoal e idiossincrático
e indisputavelmente único e singular coração
Eu fui estuprada
por-
que eu era errada no sexo errado na idade errada
na pele errada com o nariz errado o cabelo errado a
carência errada o sonho errado a geografia errada
o vestuário errado eu
Eu fui o sentido do estupro
Eu fui o problema que todo mundo busca

eliminar via penetração
forçada com ou sem evidência viscosa e/
mas que isto seja inequívoco este poema
não é um consentimento eu não consinto
a minha mãe a meu pai aos professores ao
FBI à África do Sul à Bedford-Stuy
à Park Avenue à American Airlines aos desocupados
excitados nas esquinas aos tarados sorrateiros dentro
dos carros
Eu não sou errada: Errada não é o meu nome
Meu nome é o meu o meu o meu
e eu não sei te dizer quem diabos arranjou as coisas
[desta forma
mas posso te dizer que de agora em diante a minha
[resistência
minha simples autodeterminação de todos os dias e
[todas as noites
pode muito bem custar a sua vida

**1978**

## Eu devo me tornar uma ameaça para os meus inimigos

*Dedicado ao poeta Agostinho Neto, presidente da República Popular de Angola: 1976*

**1**

Eu não vou mais caminhar gentilmente atrás de
algum de vocês que têm medo de mim:
Tenham medo.
Pretendo dar motivos para os seus sobressaltos
e espasmos faciais
Não vou mais andar educadamente fora da calçada
e isso é dedicado especialmente
àqueles que ouvem os meus passos
ou o sacolejo inócuo do meu carrinho
de supermercado
e se viram
me veem
e seguem adiante com pressa
para longe desse terror impressionante que devo ser:
pretendo brotar sanguinolenta numa tarde
cercada de camaradas cantando
vinganças terríveis em ritmos
crescentes
implacáveis
Porém
Tenho observado um cego estudando a sua face.
Arrumo a mesa à noitinha e me sento
para engolir as notícias.

Regularmente
tenho ido dormir.
Não há ninguém para me perdoar.
Os mortos não dão a mínima.
Eu vivo como uma apaixonada
que coloca a sua ficha no orelhão
na hora em que o metrô retumba para dentro da estação
[desperdiçando a mensagem
revogando a questão da sua chamada:
fulminante ou esquecida mas tardia
e sempre depois do que poderia me salvar ou
me condenar
Eu devo me tornar o movimento do meu destino.

**2**

Quantos de meus irmãos e irmãs
eles matarão
até que eu ensine a mim mesma
sobre retaliação?
Precisamos definir um número?
África do Sul por exemplo:
estamos de acordo que mais de dez mil
em menos de um ano mas menos de
cinco mil chacinados em mais de seis
meses vão
QUAL É O MEU PROBLEMA?

Eu devo me tornar uma ameaça para os meus inimigos.

**3**

E se eu
Se eu algum dia deixar passarem vocês
que deveriam ser extirpados do meu universo
que deveriam ser cauterizados da terra
completamente
(punheteiros da leieordem de primeiro de
grau terrorista)
deixem então meu corpo frustrar minha alma
em suas tormentosas concupiscências
E se eu
se eu algum dia deixar o amor se apartar
porque o ódio e os rumores
tornaram-se um preceito fantasma que obe-
deço sob o nome de impulso e realidade
(os flamingos florescentes das minhas
mimosas selvagens)
deixem então o amor acabar
comigo.
Eu devo me tornar
Eu devo me tornar uma ameaça para os meus inimigos.

**1976**

## É difícil manter limpa uma camisa limpa

*Poema para Sriram Shamasunder*
*e todo mundo do* Poetry for the People*

Faz uma manhã de sol
o jasmim desabrocha
sossegado
e um bando de pintarroxos
se embrenha na hera que cobre
o que um dia foi
a cerca do quintal
ou pombos afastam
as folhas da aveleira
quando
um rapaz vem por entre
as flores
até minha porta
bate
e para
brilhoso numa camisa branca limpa

Ele ergue um punho delicado
àquela porta
e bate novamente

Ele veio dizer que isso
assim ou aquilo

* "Poetry for the People" foi um programa de artes/ativismo da Universidade da Califórnia, em Berkeley, fundado por June Jordan, em 1991. Tem como foco acadêmico, a leitura, escrita e ensino da poesia. (N.T.)

assado
e então
fazer o quê
sobre o que está feito
sobre o que é passado
a não ser esfregar sal para irritar
nossos olhos

Fazer o quê
sobre o que está feito

E o cachorrinho de sete meses
Bingo salta
e acerta
aquela camisa branca limpa
com patas embarradas
aqui
e aqui e ali

E fazer o quê
sobre o que está feito
Eu digo eu vou lavar a camisa
não tem problema
duas passadas
no ciclo ultradelicado
de uma máquina velha
a camisa gira na espuma

ensaboada e gira no enxágue
e gira
e gira até sair seca
não limpa
ainda marcada pelo acaso
por força de qualquer razão séria ou desprezível
a camisa segue suja
das patas do cachorrinho

Eu recolho aquela fina camisa branca
indiana
fios delicados como dedos de bebê
tecendo-os na trama
e eu lavo aquela camisa
entre
entre as minhas próprias
mãos
Esfrego e esfrego aquela camisa
para remover as marcas
da sujeira

No bolso
e ao redor da costura do ombro
em ambas as mangas
a mancha a pata
as marcas tantalizam o meu sabão
a minha água o meu suor
recursos
investidos na restauração

de uma camisa branca limpa

E na décima-primeira tentativa
não vejo mais
nada nada de lamentável
nenhuma sujeira

Seguro o tecido
frouxo e delicado
no jorro de água da torneira
transparente como um desejo
de que a lua fique exposta
o dia todo

Que pequena que ficou!
Aquela camisa branca limpa!
Que delicada!
Que diminuta!
Quão semelhante a um punho delicado batendo à minha porta!
E agora estendo a camisa
para secar
devagar o quanto precisar
o ar
para fazer seu trabalho
com tudo

Está limpa.
Uma camisa branca limpa
ninguém queria estragar

ou sujar
aquela camisa
bem mais limpa agora mas ainda
não igual
à primeira antes de aquela camisa
ser atingida ser surrada
não mais
perfeita
bonita somente

uma camisa branca limpa

É difícil manter limpa uma camisa limpa.

**1974**

**Tradução**
Lubi Prates

# LUCILLE CLIFTON

(1936–2010)

Nasceu em Depew, Nova York, e formou-se na State University de Nova York e na Universidade de Howard. Seu primeiro livro de poemas, *Good Times*, publicado em 1969, teve uma boa repercussão e chamou a atenção de Langston Hughes, que a incluiu na antologia *The Poetry of the Negro*, de 1970, o que contribuiu para que a sua poesia alcançasse mais leitores.

Lucille fez parte do Black Arts Movement. Em 2007, se tornou a primeira escritora negra a conquistar o Ruth Lilly Poetry Prize, um importante prêmio do gênero. Duas de suas obras publicadas em 1987, *Good Woman: Poems and a Memoir – 1969-1980* e *Next: New Poems*, foram finalistas do prêmio Pulitzer.

No início de sua carreira, seus poemas abordaram fatos da vida urbana afro-americana e passam a refletir também o contexto estadunidense das décadas de 1960 e 1970. Após esse período, sua poesia se concentra em questões sobre ser mulher e o próprio fazer poético.

Além de poesia, também publicou livros infantis, como *Amifika*, de 1977; *The Lucky Stone*, de 1979; e *My Friend Jacob*, de 1980. Seu único trabalho em prosa, *Generations*, publicado em 1976, é um livro de memórias. Clifton também possui uma série de poemas sobre a experiência de enfrentar o câncer de mama, publicada em *The Terrible Stories*, de 1996, e no livro *Blessing the Boats: New and Selected Poems, 1988-2000*, de 2000, que recebeu o National Book Award.

Faleceu em 2010, aos 73 anos, em Columbia, Maryland.

eu sou acusada de cuidar do passado
como se eu o tivesse feito,
como se eu o tivesse esculpido
com as minhas próprias mãos. eu não o fiz.
esse passado estava esperando por mim
quando eu vim,
uma criança monstruosa, sem nome,
e com o comichão da minha mãe,
eu a levei ao seio
e a chamei de
História.
ela é mais humana agora,
aprendendo línguas a cada dia,
recordando rostos, nomes e datas.
quando ela estiver forte o suficiente para viajar
por si só, cuidado, ela o fará.

**(s.d.)**

## ouçam, crianças

ouçam, crianças
guardem isso onde
vocês possam guardar
para sempre
guardem isso de todas as maneiras

nós nunca odiamos preto

ouçam
nós estivemos envergonhados
desesperançosos cansados com raiva
mas sempre
de todas as maneiras
nós nos amamos

nós sempre nos amamos
crianças, de todas as maneiras

passem isso adiante.

**(s.d.)**

## irmãs

você e eu somos irmãs.
somos iguais.

você e eu
vindas do mesmo lugar.

você e eu
passando óleo nas pernas
retocando nossas raízes.

você e eu
com medo de ratos
pisando nas baratas.

você e eu
descendo alegres correndo a rua purdy aquela vez
e a mãe rindo e balançando a cabeça para
você e eu.

você e eu
tivemos bebês
fizemos trinta e cinco
enegrecemos
deixamos nossos cabelos voltarem
amando nós mesmas
amando nós mesmas
somos irmãs.

apenas onde você canta,
eu sou poeta.

**1983**

## as mulheres perdidas

eu preciso saber os nomes
daquelas mulheres com quem eu teria caminhado
alegremente como fazem os homens em grupo
balançando os braços, e daquelas mulheres
suadas com quem eu teria me juntado
depois de uma partida difícil para jogar conversa fora.
do que teríamos chamado umas às outras, rindo,
brincando na nossa cerveja? onde está minha gangue,
meu time, minhas irmãs extraviadas?
todas as mulheres que poderiam ter me conhecido,
onde nesse mundo estão seus nomes?

**(s.d.)**

## você não vai celebrar comigo?

você não vai celebrar comigo
isto que eu moldei como
um tipo de vida? eu não tive nenhum modelo.
nascida na babilônia
não branca e mulher.
o que eu imaginei ser além de mim mesma?
eu forjei isso.
aqui nesta ponte entre
a luz da estrela e a argila,
minha mão segurando firme
minha outra mão; venha celebrar
comigo, pois todos os dias
alguma coisa tenta me matar
e falha.

**1960**

Tradução
Ana Meira

# AMINA BARAKA

(1942–)

Poeta, atriz, escritora, cantora, dramaturga, dançarina e ativista norte-americana, Amina nasceu Sylvia Robinson, em Charlotte, Carolina do Norte, e cresceu em Newark, Nova Jersey. Formou-se bailarina em 1960 na Escola Secundária de Artes de Newark e, em seguida, passou a atuar como atriz e poeta, integrando o Black Arts Movement, movimento cultural que buscava promover a expressão artística afro-americana como uma ferramenta de conscientização e resistência, com grande atividade nas décadas de 1960 e 1970.

Nos anos 1960, Amina fundou a Escola Livre Africana em Newark, um espaço educacional para crianças da comunidade negra, e a Newark Art Society, centro de arte e jazz que reunia importantes artistas negros e onde Amina apresentou uma série de balés dramáticos criados por ela.

O casamento, em 1976, com Amiri Baraka (anteriormente chamado LeRoi Jones), proeminente poeta, dramaturgo e ativista, figura central no Black Arts Movement, também desempenhou um papel significativo em seu ingresso na poesia. Foi nesse momento que adotou o nome Amina Baraka e se especializou na poesia falada, unindo palavra e performance. Sua poesia explora a complexidade da identidade afro-americana, examinando questões relacionadas à raça, cultura e história, abordando temas como desigualdade, discriminação e resistência.

Em 1978, Amina publicou o livro de poemas *Songs for the Masses*. Em 1983, participou da edição *Confirmation: An Anthology of African American Women*. Lançou, ainda, os livros de poesia *5 Boptrees*, de 1992, e *Blues in All Hues*, de 2014. Seu álbum de jazz e blues, *Amina Baraka & the Red Microphone* foi lançado em 2017.

## Canto fúnebre para os linchados

*para Ida B Wells, Billie Holiday, Abel Meeropol &*
*para os filhos de Rosenberg*

Suspenso na árvore
Cabelo morto

Suspenso na árvore
Couro cabeludo morto

Suspensos na árvore
Olhos mortos

Suspenso na árvore
Nariz morto

Suspensa na árvore
Boca morta

Suspensas na árvore
Orelhas mortas

Suspenso na árvore
Pescoço morto

Suspensa na árvore
Cabeça morta

Suspensos na árvore
Ombros mortos

Suspensos na árvore
Braços mortos

Suspensas na árvore
Mãos mortas

Suspenso na árvore
Torso morto

Suspensas na árvore
Pernas mortas

Suspensos na árvore
Pés mortos

Suspensos na árvore
Músculos mortos

Suspenso na árvore
Sangue morto

Suspensa na árvore
Pele morta

Suspensos na árvore
Órgãos reprodutivos mortos

Suspensos na árvore
Corpos mortos

Suspensos na árvore
Ossos Negros mortos

Suspensas na árvore
Com piche e penas
Espancadas e torturadas

Pessoas Negras Linchadas
Suspensas na árvore

Eles virão
Os Burgueses
Soando o clarim
Para lutar suas guerras

Vamos pegar sua Bandeira Confederada
e queimá-la
Em uma árvore
Quando disserem que NÓS não somos Patriotas vamos
[lembrá-los de todos
Os Negros - Mulheres - Latinos - Asiáticos - Judeus -
[Católicos - Gays

e 1 branco John Brown
suspensos nas árvores Americanas

**(s.d.)**

## Legado escravo

Alguns mascararam a dor do navio escravagista
Com o lamento de um violão, o toque de uma gaita

envolveram sua aflição em música de algodão
levaram seus sonhos em sacos do Norte
derramaram seu sangue em ruas de concreto
deixaram seus trabalhos em plantas industriais
enterraram seus filhos com marcas de tiro e cortes de
[navalha
deram seu futuro a outros deuses
riram muito –
a maioria chorava quando ninguém estava por perto
alguém sempre estava lá

aguentaram sujeira, limparam
pensaram que riqueza vinha de trabalho
mais duro trabalhavam
menos tinham
mais davam
mais tinham também
dar o sangue não contava
caso gritassem alto demais
nunca mais seriam vistos

seus filhos eram rejeitados
faziam barulhos que envergonhavam os outros
maneiras que mostravam sua cor

tornaram-se filhos de ninguém
sem mamãe ou papai
mas seguiram
por gerações
quem eram eles?
de onde vieram
o que os levou a fazer o que faziam
vagarem por aí
recolhendo sua história
órfãos procurando os pais

encontraram sua terra natal
delineada através da água
onde as cores se integravam com o Sol

**(s.d.)**

## Para o povo da Palestina

Sinto o cheiro do sangue palestino no hálito norte-
[americano
Vejo a carne das crianças rasgada por balas estadunidenses
Pendurada nos dentes do Imperialismo Israelense
petróleo escorrendo de suas línguas
dizem que vão investigar a si próprios
vão lavar suas mãos com mentiras
e encobrir seu genocídio
com Jornais e Televisão
irão contratar roteiristas
para fervorosamente criar ficções sobre o terrorismo da OLP*

eles querem roubar
eles querem estuprar
eles querem desarmar o Povo
eles querem lucro
eles querem controlar o Oriente Médio
eles querem riqueza
eles querem petróleo
mas -
eles não podem inventar uma arma
para negociar com a Luta Justa do Povo palestino
eles não têm cura para o amor do Povo pela Liberdade
não existem mentiras que podem encobrir a Auto-
[determinação

* A OLP, Organização para a Libertação da Palestina, foi criada em 1964 a partir da junção de diferentes grupos e partidos palestinos que os representassem, alertando sobre as políticas de opressão que os afetam. Hoje é reconhecida como uma organização representativa legítima frente ao cenário internacional. (N.T.)

não há nada que pode retroceder
o futuro da Libertação Palestina
A Justiça se refugiou no crescimento das Crianças
há uma tempestade no Povo
que carrega o Vento e Chuva e Sol
Tudo que traz Vida e Liberdade
está na previsão para a Palestina
o futuro é radiante
apesar da luta ser longa e tortuosa

O Povo democrático do Mundo
está ao seu lado
e NÓS Vamos Vencer

**(s.d.)**

Tradução
Desirée dos Santos

# NIKKI GIOVANNI

(1943–)

Yolanda Cornelia "Nikki" Giovanni nasceu na cidade de Knoxville, Tennessee, e graduou-se em história na Universidade de Fisk. Fez parte do Black Arts Movement e do movimento Black Power nas décadas de 1960 e 1970. Seu primeiro livro de poesia, *Black Feeling, Black Talk*, foi publicado em 1968. Depois vieram títulos como *The Women and the Men*, em 1975; *Love Poems*, em 1997; e *A Good Cry (Um bom choro,* na tradução da edição brasileira), em 2017.

Recebeu importantes prêmios, como o Langston Hughes Award, em 1996; o Virginia Governor's Award for the Arts, em 2000; o Rosa L. Parks Woman of Courage Award, nos anos de 2001 e 2002; além do American Book Award, em 2008, com o livro *The Collected Poetry of Nikki Giovanni 1968-1998*. Sua autobiografia *Gemini: An Extended Autobiographical Statement. My First Twenty-Five Years of Being Black Poet* foi lançada em 1972 e finalista do National Book Award. Também é autora de livros infantis de sucesso e se dedicou a editar o trabalho de outras escritoras, como em *Night Comes Softly*, antologia de poetas negras publicada em 1970.

Em sua produção poética, Nikki Giovanni faz referências ao ativismo, aborda questões de gênero e homenageia figuras da cultura afro-americana, assim como reflete sobre o próprio fazer da poesia. Sua obra também é referenciada por autoras como bell hooks, que em seu livro *Olhares negros: Raça e representação*, de 2019, cita o "Poema mulher" em dois ensaios para tratar de questões de raça e gênero e da autodeterminação de mulheres negras diante de uma sociedade que as desumaniza.

Atualmente é professora emérita de literatura e estudos afro-americanos no Virginia Tech, em Blacksburg, estado da Virginia.

## Poesia

poesia é moção de graça
como um filhote de cervo
gentil como uma lágrima
forte como o olho
encontrando paz numa sala lotada
nós poetas tendemos a pensar
que nossas palavras são douradas
apesar da emoção falar muito
ruidosamente para ser definida
pelo silêncio
às vezes depois da meia-noite ou logo antes
do amanhecer
sentamos com a máquina de escrever em mãos
puxando a solidão para nossa volta
esquecendo nossos amores ou crianças
que estão dormindo
ignorando a cautela cansada
da nossa própria lógica
para compor um poema
ninguém entende isso
nunca se diz "me ame" para poetas que
estão além do amor
nunca se diz "me aceite" para poemas que não procuram
aceitação mas controvérsia
só se diz "eu sou" e portanto
eu assumo que você é também
um poema é pura energia
horizontalmente contida
entre a mente

de quem escreve e o ouvido de quem escuta
e se não soar como uma melodia descarte o ouvido
porque poesia é música
se não causar prazer descarte
o coração porque poesia é alegria
se ela não informar então feche
o cérebro porque ele está morto
se ele não puder captar a insistente mensagem
de que a vida é preciosa

**(s.d.)**

## Mulher

ela queria ser uma lâmina
de grama entre os campos
mas ele não concordaria
em ser um dente-de-leão

ela queria ser uma ave cantante
no meio das folhas
mas ele se recusou a ser
a sua árvore

ela se lançou numa teia
e procurando por um lugar pra repousar
foi até ele
mas ele permaneceu duro
recusou ser o seu lugar

ela tentou ser um livro
mas ele não a leria

ela se transformou num bulbo
mas ele não a deixaria crescer

ela decidiu se tornar
uma mulher
e embora ele ainda se recusasse
a ser um homem
ela decidiu que estava tudo
bem

**1978**

## Poema Mulher

você vê, minha vida toda
é amarrada
na infelicidade
é pai cozinhando café da manhã
e eu ficando gorda feito um porco
ou não tendo comida
nenhuma e pai provando
sua incompetência
de novo
eu queria saber como é a sensação de se sentir
livre*

é ter um trabalho
eles não vão te deixar trabalhar
ou sem nenhum trabalho mesmo
castrando-me
(sim isso acontece com mulheres também)

é ser um objeto sexual se você é linda
e sem amor
ou ter amor sem sexo se você é gorda
cai fora sua preta gorda seja uma mãe
avó coisa forte mas não mulher
mulher pra fuder mulher romântica necessitada de
amor

* *Eu queria saber como é a sensação de se sentir livre* (em inglês, *I Wish I Knew How It Would Feel to Be Free*): estes versos também são o nome de um jazz composto por Billy Taylor que serviu como um hino na luta dos direitos civis nos anos 1960, nos Estados Unidos. (N.T.)

buscando homem devoradora de pau ficando suada
mulher necessitada de trepada procurando amor
é uma pedra no seu sapato
e comprar um vestido para a irmã caçula
e ela dizer que você não deveria
quando você sabe
muito bem – que você não deveria

mas sorrisos são só uma coisa que damos
para assistentes sociais devidamente vestidas
não para nós
somente sorrisos de eu conheço
seu jogo irmã
que não são realmente
um sorriso

alegria é encontrar uma barata grávida
e a esmagar
não encontrar ninguém pra segurar
me larga cai fora não me
provoca seu cachorro
como você ousa se preocupar
comigo
você não tem nenhum bom senso
se eu não sou merda nenhuma cê deve ser pior
do que isso para se importar

é uma casa imunda
com melancia de ontem
e lágrimas de segunda-feira

porque damas de verdade não
sabem como limpar
é uma devastação intelectual
de todo mundo
para evitar comprometimento emocional
"sim meu bem eu teria me casado
com ele mas ele não tinha diploma"

é ser criança demais e usar minissaia
usar peruca tingida de loira cicatriz de mãe
nascer morta meu desprezo sua puta
salto alto que machuca unha quebrada pó
me encare

cuja a vida toda é amarrada
na infelicidade
porque é a única
coisa de verdade que
eu
conheço

**1968**

## Meu poema

tenho 25 anos
mulher negra poeta
escrevi um poema perguntando
preto você pode matar?
se eles me matarem
isso não vai parar
a revolução

fui roubada
me parece que eles sabiam
que eu ia ser atingida
eles levaram minha tv
meus dois anéis
meu retalho de estampa africana
e minhas duas armas
se eles tirarem minha vida
isso não vai parar
a revolução

meu telefone está grampeado
minha caixa de correio está arrombada
eles me colocaram contra
todas as minhas velhas amizades
e contra todos os meus novos amores
se eu odiar todas as pessoas negras
e todos os pretos,
isso não vai parar
a revolução

tenho medo de dizer
pra minha colega de quarto pra onde eu tô indo
e pavor de dizer
pras pessoas se vou mesmo
se eu me sentar aqui
pro resto
da minha vida
isso não vai parar
a revolução

se eu nunca mais escrever
nenhum poema
ou conto
se eu não terminar
a graduação
se meu carro for apreendido
e meu toca-discos
não tocar
e se eu nunca vir
um dia de paz
ou fizer uma coisa
significativamente preta
isso não vai parar
a revolução

a revolução
está nas ruas
e se eu ficar
no 5º andar
ela vai continuar

se eu nunca fizer
nada
ela vai continuar

**1968**

## Escolhas

se eu não posso fazer
o que eu quero fazer
então o meu trabalho é não
fazer o que eu não quero
fazer
não é a mesma coisa
mas é o melhor que eu posso
fazer

se eu não posso ter
o que eu quero   então
meu trabalho é querer
o que eu já tenho
e ficar satisfeita
que pelo menos
há algo a mais para querer

já que eu não posso ir
pra onde eu preciso
ir   então   eu devo ir
pra onde as placas apontam
mesmo sempre entendendo
que movimentos paralelos
não são laterais

quando eu não posso expressar
o que eu realmente sinto
eu pratico sentir
o que eu consigo expressar

e nada disso é igual
eu sei
mas é por isso que a humanidade
é a única entre os mamíferos
que aprende a chorar

**1978**

Tradução
Jade Medeiros

# PAT PARKER

(1944–1989)

Nascida em Houston, Texas, Pat Parker era filha de um reformador de pneus e de uma trabalhadora doméstica. Após terminar o ensino médio, em 1962, mudou-se para a Califórnia, onde frequentou a Los Angeles City College e o San Francisco State College, mas não chegou a concluir a graduação.

No fim da década de 1960, Parker se descobriu lésbica e envolveu-se ativamente nos movimentos dos direitos civis, pelos direitos das mulheres e pelos direitos de pessoas LGBT, ocasionalmente lendo suas poesias em eventos. Junto a poetas como Judy Grahn, desenvolveu uma atuante comunidade em torno da leitura de poesia lésbica na Costa Oeste dos Estados Unidos. Ficou conhecida pela forma visceral com que abordava em sua produção poética questões sobre sexo, raça, maternidade, alcoolismo e violência.

Foi autora de cinco livros de poesia: *Child of Myself*, lançado em 1972; *Pit Stop*, de 1975; *Movement in Black*, de 1978; *Woman Slaughter*, também de 1978; e *Jonestown and other madness*, de 1985.

Parker teve uma importante atuação social durante os anos 1980. Fundou o Coletivo de Imprensa das Mulheres, foi diretora do Centro Feminista de Saúde da Mulher, em Oakland, e do Conselho Revolucionário das Mulheres Negras, de onde se afastou por questões de saúde.

Faleceu após um câncer de mama em junho de 1989. O legado de Parker perdura na Biblioteca Pat Parker/Vito Russo Center, em Nova York, assim como no prêmio de Poesia Pat Parker para poetas negras, lésbicas e feministas.

## Perguntas

"Até que todas as pessoas oprimidas
        sejam livres—
        ninguém será livre."

**I.**

as correntes estão diferentes agora –
revelam neste corpo o esquisito
nenhum metal a clangorejar nos meus ouvidos

correntes a revelar o esquisito
correntes a revelar o peso-leve
a revelar cartões de crédito
a revelar formulários de seguridade social
a revelar a compra do tempo
a revelar pacotes brancos de droga
a revelar *blacks* & cabelos alisados
a revelar cafetão & revolucionária
a revelar mãe & filha
a revelar pai & filho

correntes a revelar o esquisito –
o esquisito a revelar correntes
        correntes

como quebro estas correntes

## II.

as correntes estão diferentes agora —
a revelar neste corpo o esquisito
correntes engraçadas – sem clangor
correntes a revelar o esquisito
correntes a revelar o peso-leve
correntes a revelar a louça
correntes a revelar a roupa para lavar
correntes a revelar o supermercado
correntes a revelar nenhuma voz
correntes a revelar crianças
correntes a revelar trabalhos seletivos
correntes a revelar salário baixo
correntes a revelar meninas & mulheres
correntes a revelar esposas & mulheres
correntes a revelar mães & filhas

correntes a revelar o esquisito –
o esquisito a revelar correntes
      correntes

como quebro estas correntes

## III.

as correntes ainda estão aqui
a revelar neste corpo o esquisito
sem metal – sem clangor

correntes a revelar o esquisito
correntes a revelar o peso-leve
correntes a revelar o engraçado
correntes a revelar o diferente
correntes a revelar a sapatão
correntes a revelar a machuda
correntes a revelar a tarada
correntes a revelar a falta de emprego
correntes a revelar mais impostos
correntes a revelar espancamentos
correntes a revelar olhares
correntes a revelar mitos
correntes a revelar o medo
correntes a revelar a repulsão

correntes a revelar o esquisito –
o esquisito a revelar correntes
        correntes

como quebro estas correntes

**IV.**

as correntes estão aqui
sem metal – sem clangor
correntes de ignorância & medo
correntes aqui – a causar dor

como quebro estas correntes
a quem ou para quê
eu direciono a dor
        preto – branco
        mãe – pai
        irmã – irmão
        hétero – gay

como quebro estas correntes
como interrompo a dor
a quem eu peço – para ver
o que eu tenho que fazer – para ser livre

irmãs – como quebro suas correntes
irmãos – como quebro suas correntes
mães – como quebro suas correntes
pais – como quebro suas correntes

não quero matar –
não quero causar dor –

como –
como então quebro – suas correntes

**(s.d.)**

## Meu amor é uma mulher

**I.**

meu amor é uma mulher
& quando eu a abraço
sinto o seu calor
  me sinto bem
  me sinto segura

então – nem penso nas
vozes da minha família
nem ouço minhas irmãs falarem
machudas, desviadas, engraçadas
  venha nos ver, mas não
  traga seus amigos
   tudo bem pra nós,
   mas não conta pra mamãe
   ela ficaria decepcionada
nem sinto meu pai
se revirar no túmulo
nem ouço minha mãe chorar
Senhor, que tipo de filha é essa?

**II.**

o cabelo do meu amor é loiro
& quando se espalha pelo meu rosto
sinto a maciez

parece que mil dedos
tocam minha pele e me abraçam
e me sinto bem

então – nem penso no moleque
que cuspiu em mim & me chamou de *nigger**
nem penso no policial
que chutou meu corpo & ordenou que eu rastejasse
nem penso nos corpos negros
pendurados em árvores ou cheios
de furos de bala
nem ouço minhas irmãs falarem que
o cabelo dos brancos fede
jamais confie neles
nem sinto meu pai
se revirar no túmulo
nem ouço minha mãe reclamar
da dor nas costas depois de esfregar tanto chão
nem a ouço chorar
Senhor, que tipo de filha é essa?

**III.**

os olhos do meu amor são azuis
& quando ela me olha
eu boio num lago morno
sinto meus músculos tremerem com o desejo

* Termo considerado a ofensa racista mais grave, geralmente traduzido em português como "crioulo". (N.T.)

me sinto bem
me sinto segura

então – nem penso nos olhos
azuis que me olharam feio
sentaram a três bancos de distância de mim
num bar
nem ouço a fúria das minhas irmãs
com homens negros sifilíticos como
porquinhos-da-índia
a fúria dos filhinhos assépticos
ao vê-los parar numa
encruzilhada para assustar as velhas
vadias brancas
nem sinto meu pai se revirar
no túmulo
nem lembro da minha mãe
me ensinar os sim, senhor & sim, senhora
para me manter viva
nem ouço minha mãe chorar
Senhor, que tipo de filha é essa?

**IV.**

& quando vamos a um bar gay
& meu povo me evita porque ultrapassei
o limite
& o povo dela olha para ver o que há
de errado com ela

que lapso
a impeliu até mim

& quando caminhamos pelas ruas
dessa cidade
esquecemos e nos tocamos
ou damos as mãos
& as pessoas
encaram, olham feio, torcem o nariz, fazem piada
dessas desviadas

me lembro de
cada palavra ensinada a mim
cada palavra dita a mim
cada ação feita a mim
& então odeio
olho para o meu amor
& por um instante
duvido

então – seguro a mão dela com mais força
& consigo ouvir minha mãe chorar.
Senhor, que tipo de filha é essa?

**(s.d.)**

## Não deixa o fascista falar

"Não deixa o fascista falar."
"A gente quer escutar o que eles têm a dizer."
"Bota pra fora da sala-de-aula."
"Todos têm direito à liberdade de expressão."

Sou filha da América
bastarda
criada no quarto dos fundos
mas ensinada
ensinada a se comportar
na sala de estar.
minha mente dispara
a voz dos estudantes
gritando
insultos ameaças
"Deixa os nazistas falarem"
"Deixa os nazistas falarem"
Todos têm direito
de falar
eu sou uma criança Negra
de pernas gordas
numa escola Negra
na parte Negra da cidade
encaro a professora Negra
a Declaração de Direitos*
nos assegura

* A Declaração de Direitos garante direitos civis, liberdade individual e confere limitações ao estado, consiste nas dez primeiras emendas à Constituição dos Estados Unidos em 1791. (N.T.)

todos os direitos
minha mente se
lembra dos cânticos
artigo I artigo I
& minhas entranhas se agitam
elas se lembram
da professora Negra
na escola Negra
na parte Negra
da cidade muito branca
que parou
quando nós atacamos
o diretor marionete
o Conselho branco
de des-Educação
livros de segunda-mão
ilustrados com
tirinhas &
palavras de sabedoria
escritas por crianças
brancas na
outra parte da cidade
páginas faltando
caricaturas
de pretos pendurados —
a declaração de direitos
foi escrita para
proteger a
nós

eu me lembro
& minhas entranhas se agitam
invoco imagens
a polícia
acaba com
protestos ilegais
assembleias ilegais
invoco imagens
de uma Pantera Negra
"se *tricky Dicky*[*]
tenta nos calar
nós é que vamos calá-lo"
invoco a imagem
do mesmo homem negro
indo pra cadeia
por ameaçar
a vida
DO PRESIDENTE
todo cidadão
tem direito à
liberdade de expressão
eu me lembro
& minhas entranhas se agitam
invoco imagens
de judeus nos campos
de homossexuais nos campos
de socialistas nos campos

* Apelido de Richard Nixon (1913-1994), presidente dos Estados Unidos entre 1969 e 1974, que renunciou ao cargo devido a escândalos de corrupção na década de 1970. (N.T.)

"Deixa os nazistas falarem"
"Deixa os nazistas falarem"
me deparo numa sala
de universidade com
"Você também tá sendo fascista."
"A gente quer ouvir o que
Eles têm a dizer."

me deparo
numa sala de universidade
com rostos de jovens brancos
que falam deixa que falem
que falam deixa que falem
negros, judeus alguns brancos
agarram o megafone
"A gente não quer ouvir
sua retórica socialista"
retórica socialista
retórica de
sobrevivência
a suprema corte
diz que é ilegal
gritar fogo
em um teatro lotado
gritar fogo
em um teatro lotado
causa pânico às pessoas
que correm para machucar umas às outras
eu me lembro
& agora sei

o que minhas entranhas
dizem
é ilegal fazer com que
as pessoas
entrem em pânico
corram
se machuquem
não há
contradição
o que os nazistas falam
fará com que
as pessoas
machuquem a
MIM.

**1975**

## Para a pessoa branca que quer aprender a ser minha amiga

A primeira coisa a se fazer é se esquecer de que sou Negra.
Segundo, você jamais pode se esquecer de que sou Negra.

É preciso saber curtir Aretha,
mas não a ponha para tocar sempre que eu aparecer.
E se decidir colocar Beethoven – não me conte
a história de vida dele. Também fomos obrigados a
[estudar apreciação musical.

Coma comida *soul* se quiser, mas não espere que eu
lhe indique um restaurante
ou cozinhe para você.

E se algum Negro lhe xingar,
lhe assaltar, estuprar sua irmã, lhe estuprar,
roubar sua casa ou apenas for um idiota com você –
por favor, não me peça desculpa
por querer machucá-lo fisicamente.
Eu ia achar você uma tola.

E se, de fato, acredita que os Negros são melhores na
[cama
do que os brancos – não me diga. Eu vou começar a
pensar em cobrar o preço do reprodutor.

Em outras palavras – se quiser mesmo ser minha amiga
[– não
se dê tanto ao trabalho. Lembre-se: sou preguiçosa.

**1978**

Tradução
Fernanda Bastos

# ALICE WALKER

(1944–)

Escritora, poeta e ativista, nascida no estado da Geórgia, Sul dos Estados Unidos, Alice Walker é reconhecida pela sua vasta produção literária e por sua atuação em movimentos feministas e dos direitos civis da população afro-americana. Por seu desempenho acadêmico, recebeu bolsa integral para a universidade, primeiro em Atlanta – onde integrou o Movimento dos Direitos Civis –, e depois em Nova York, onde se formou. Atuou como professora de literatura no estado do Mississipi em diferentes períodos nos anos 1960 e 1970.

Seu primeiro livro, *Once*, de poesia, foi lançado em 1968. Publicou em seguida diversas edições de contos e romances, entre elas, *A cor púrpura*, em 1982, livro vencedor do prêmio Pulitzer e que fez de Alice Walker a primeira mulher afro-americana a ganhar o prestigioso prêmio na categoria ficção. A obra também foi reconhecida pelo National Book Award e adaptada para o cinema com imenso sucesso. *Em busca dos jardins de nossas mães*, lançado originalmente nos anos 1980, seu primeiro livro de não ficção, reúne seus ensaios seminais sobre a cultura afro-americana.

Alice Walker escreveu vários livros de poesia, entre eles *Revolutionary Petunias and Other Poems*, de 1973; *Horses Make the Landscape More Beautiful*, de 1984; *Her Blue Body Everything We Know: Earthling Poems, 1965-1990*, de 1991; e *New Poems*, lançado em 2010.

A autora, que hoje vive na Califórnia, recebeu diversos prêmios e homenagens ao longo de sua carreira, incluindo o prêmio Rosenthal do Instituto Nacional de Artes e Letras, em 1990; LAMBDA Literary Award, também em 1990; prêmio Lillian Smith do National Endowment for the Arts, em 2003; prêmio Griot de Excelência nas Artes, em 2016; dentre muitos outros.

## Mulheres

Elas eram mulheres então
A geração da minha mãe
Rasgo de voz – Pé por
Pé
Com punhos e
Mãos
Como elas derrubaram
Portas
E passaram brancas
Camisas
Como elas lideraram
Exércitos
Generais de turbante
Atravessando campos
Minados
Pegas em armadilhas de
fossos
Para descobrirem livros
Mesas
Um lugar para nós
Como elas sabiam o que nós
*Precisamos saber*
Sem sequer conhecer uma página
Disso
Elas mesmas.

**1968**

## Nova face

Aprendi a não me preocupar com o amor;
mas a honrá-lo quando chega
com todo o meu coração.
Examinar os mistérios sombrios
do coração
Com atenção despreocupada e
o turbilhão,
para conhecer a pressa dos sentimentos
velozes e fluidos
como a água.
A origem parece ser
uma inesgotável
primavera
com o próprio gêmeo ou trigêmeo
de si mesmo;
a nova face que eu viro
para você
ninguém na terra
jamais
viu.

**(s.d.)**

## Não seja a querida de ninguém

Não seja a querida de ninguém;
Seja uma pária.
Aceite as contradições
Da sua vida
E se envolva nelas
Como a um xale,
Para defender-se das pedras
Para manter-se aquecida.

Veja as pessoas sucumbindo
À maldade
Com pleno regozijo;
Deixe olharem com desconfiança para você
E olhe de volta com reprovação.

Seja uma pária.
Anime-se por andar sozinha
(Desagradável)
Ou aliste-se na multidão
Leito do rio
Com outros impetuosos
Idiotas.

Faça um feliz acúmulo
No banco
Onde milhares perecem
Por bravas palavras duras
Eles dizem.

Mas não seja a querida de ninguém;
Seja uma pária.
Qualifique-se para viver
Entre os seus mortos.

**1973**

## Não espere nada

Não espere nada. Viva frugalmente
De espanto.
Seja uma estranha
À necessidade de piedade
Ou se a compaixão for gratuitamente
Transmitida
Pegue só o suficiente
Refreie a urgência pela súplica
E elimine a carência.

Anseie por nada mais largo
Do que o seu pequeno coração
Ou mais alto do que uma estrela;
Dome o desapontamento descontrolado
Com carícias indiferentes e frias
Faça disso uma parca
Para a sua alma.

Descubra a razão por que
Tantos minúsculos pequenos humanos
Existem afinal
Tão insensatos em pânico
Mas não espere nada. Viva frugalmente
De espanto.

**1997**

Tradução

Nina Rizzi

# WANDA COLEMAN

(1946–2013)

Wanda Coleman nasceu em Los Angeles, Califórnia, e cresceu no bairro de Watts, onde ocorreu a série de motins em agosto de 1965, um dos primeiros e mais violentos levantes urbanos nos Estados Unidos durante o Movimento dos Direitos Civis. Trabalhou como editora de revista, jornalista e roteirista antes de se dedicar à poesia.

Casada e mãe de dois filhos aos vinte anos, Coleman participava de oficinas de redação em Los Angeles e arredores, algumas criadas após os motins de Watts. Em 1969, se divorciou do primeiro marido e planejava se tornar uma escritora profissional, mas precisou trabalhar em diferentes empregos para sustentar os filhos. Nesse momento, passou a se concentrar na poesia. A sua produção poética reflete as complexidades da vida urbana e periférica, atravessada por questões de raça, gênero e classe, e explorando as tensões sociais e culturais dos Estados Unidos de seu tempo com uma linguagem contundente, cheia de fúria e sarcasmo.

Seu primeiro livro de poesia, *Art in the Court of the Blue Flag*, foi publicado em 1977. Depois vieram títulos como *Imagoes*, de 1983, com o qual ganhou importantes bolsas de fomento à poesia, como a Guggenheim. O reconhecimento nacional chegou em 1998 com a publicação de *Bathwater Wine*, de caráter fortemente autobiográfico, que recebeu o prêmio Lenore Marshall de Poesia. Em 2001, seu livro *Mercurochrome* foi finalista do National Book Award. Também publicou contos, romances e ensaios e manteve uma coluna no jornal *Los Angeles Times*.

Em 2012, recebeu o prêmio Shelley Memorial da Poetry Society of America. Faleceu em 22 de novembro de 2013, aos 67 anos, na Califórnia.

## Quê que é ser uma pessoa escura

quando você leva uma sova
fica mais difícil pôr as cicatrizes à prova

em todas as cenas de emboscada
você sempre tá mal na fita. caçador ou caçada

quando leva um pipoco fica mais difícil ver
os buracos de bala por isso é mais fácil pra eles
continuar pipocando

é lógico que você tá sempre com raiva

é lógico que você tá sempre na paranoia e é sensível
demais com essa coisa de raça

é lógico que você não percebe que muitos deles
também têm vidas difíceis

*tu protege teu mano?*
até se ele te entregar

– teste de negritude –

ninguém te pergunta: a) se você é virgem
b) se você já esteve na cadeia
c) se você bebe álcool ou usa drogas
d) se você rouba
e) se você sabe gingar bem
f) todas as alternativas acima

você sabe que é uma pessoa escura quando te colocam
na mesa mais próxima da cozinha
e você imediatamente sente a ofensa mesmo
que essa seja a única mesa disponível
e seja oferecida por conveniência

**1993**

## Notas de uma Terrorista Cultural 2

depois da guerra a guerra começa a guerra continua

sou uma soldada. olhe as solas
das minhas botas gastas de procurar trabalho. por horas
nas filas de desemprego

me chame de vítima civil

a guerra para alimentar as crianças a guerra para
[compor suas retaguardas
a guerra para pagar o aluguel a guerra para ter o tanque
[de gasolina cheio
a guerra para acabar com a loucura calculada mantendo
[os pobres pobres

o que acontece com uma guerra adiada
ela implode? a agressão reprimida
devasta a alma coletiva?

(há rebeliões agora. vejo a fumaça vermelha subindo.
a cidade queima. as pessoas estão saqueando, tomando
[as coisas. todo
o excesso que foi negado. crimes de posse. ter. sem
o ônus da cor ou medo da rejeição. crianças carregam
[cabides
de roupas. mulheres empurram carrinhos cheios de
[comida.
homens se deleitam em lojas de bebidas e armas. mas o
[que precisamos

é de revolução. com ou sem sangue. devemos ir mais
[fundo do que
a luxúria satisfeita num surto espontâneo e tórrido de
[raiva

sou uma soldada. olhe meu cabelo
caindo de estresse. das muitas horas extras
desvalorizada no trabalho. nem sequer uma cadeira
[decente

me chame de dano colateral

e quando todas as batalhas estrangeiras forem vencidas,
será que nós, que lutamos aqui em casa,
teremos o nosso dia sob o sol da democracia?

(estou deitada na maca no corredor. não
há leitos suficientes. ele está aqui comigo há horas
e chegamos ontem à noite. ainda não conseguiram
nos dizer nada. queriam dinheiro adiantado antes
de falar com a gente. felizmente temos plano, mesmo
[assim precisamos
pedir emprestado à mamãe para a coparticipação em
[grana viva. a dor
é muito forte e estou com sede. mas disseram para não
[beber nada/
nadinha pela boca. e esperamos uma eternidade só para
[chegar
até aqui. são muitos pacientes e poucos médicos)
sou uma soldada. mas estou com as costas quebradas

lutando contra o papel que empurro o dia todo. minha
[esperança
também está quebrada. como posso amar

me chame de politicamente correta

(sentamos no bar no final da tarde tentando descobrir
para onde foram todos os homens. os que não estavam
[mortos
ou presos. que amavam as mulheres. os que não eram
[viciados
não eram alcoólatras, não eram casados ainda. aqueles
que amam a nossa cor. e uma mana tomou um grande
[gole e disse
que ficaria satisfeita se vivesse para ver a geladeira cheia
[pelo menos
uma vez antes de ela partir deste planeta)

o que acontece com uma guerra adiada
no fundo da pele uma onda
de descontentamento irrompe sem parar?

sou uma soldada. que esteja viva é uma mentira
ninguém olha porque ninguém tá nem aí. se agarrando
numa nesga de prazer num pouco de sanidade

me chame de vítima das vítimas

(as algemas estão apertadas. dá pra senti-las esfregando

meus pulsos atrás das costas. somos levados para a viatura
na frente de toda vizinhança. os moleques ficam
[olhando. eles
sabiam o tempo todo que somos diferentes. nós não
[somos desta
quebrada. ele está com raiva. ele quer saber quem
[denunciou. não consigo sentir
nada além de paralisia. Primeiro o empurram para o
[banco de trás e
eu vou logo em seguida. é uma curta distância de carro até
a delegacia. nós estamos fodidos. temos que pedir
[dinheiro emprestado
para pagar a fiança. estamos prestes a descobrir quem
[são os verdadeiros amigos)

seja lá o que você faça
não me olhe muito nos olhos

**(s.d.)**

## Naquela outra fantasia onde viveremos para sempre

nós nunca fomos pegos

festejamos no sudeste, fumamos de Los Angeles até El
[Dorado
fazemos bicos entre delírios de fuga
bêbados sob as advertências de pais, párocos & professores
dirigindo mais rápido do que a estrada ou a lei permitiam.
nossa risada estridente era jovem, sem coração &
[desrespeitava
autoridade. podíamos ser ouvidos por quilômetros durante
[a noite

o Grand Canyon de uma nova masculinidade.
mulheridade descoberta
como a primeira visão do Monte Wilson

nos rebelamos contra o vento sudeste

ficamos tão naturalmente rasgados, que criamos asas,
fomos de penetra em festas na lua e uivamos para a terra

vivíamos do amor. Era tudo o que tínhamos pra comer

quando você se separou levou toda a sabedoria
e me deixou com a preocupação

**(s.d.)**

## Coisas que ninguém sabe

dominada pelo fedor de roupa mofada, estou
com três meses de aluguel atrasado há trinta anos. meus
compatriotas não me amam. até minhas rugas têm
rugas. estamos envelhecendo numa cidade onde os
[velhos são
invisíveis. não tenho nada novo para comer e apenas
[cinco minutos
para usar juana. e menos tempo para revisitar o túmulo
do meu pai. usei a mesma roupa íntima por quinze
desses trinta anos e algumas peças mais tempo que isso

escrever para amigos é um luxo, e para inimigos, uma
[necessidade. meu carro
foi desmontado e roubado meses atrás e não tenho
dinheiro para consertá-lo ou substituí-lo. meus mentores me
exilaram para a periferia da alfabetização infantil.
[minha carteira está
morrendo de câncer cerebral militante. meu desejo pelo
[meu país
é frígido. a luz me exclui e não há diploma
para o que se aprende no escuro

sou muito desajeitada para grandes roubos. há um bicho-
[-papão em
Nova York que conspira e espalha boatos
sobre meu lábio perdido. estou tão economicamente
[ferrada

que até minha canequinha de pedinte tem mofo brotando
[do fundo. meu
filho me confundiu com um dragão e seus professores
[de história continuam
tentando apagar essas chamas em minha boca. não
[participo
das reuniões de turma do ensino médio porque muitos dos
meus colegas morreram no Vietnã ou nos inferninhos de
[bebidas
dos Estados Unidos ou naquelas salas de aula há muito
[tempo. há uma
bicha-papona em Oberlin que conspira contra mim, seu
ciúme é inspirado em minhas imaginações imaginárias

estou presa nas garras do meu luto ganancioso
e espero que continue circulando. espero que meu filho
[escape
e meu marido morra durante uma crise extraordinária. o
[departamento
federal de pijamas está atrás dos meus pãezinhos
[quentes. espero acordar
do sono em breve. espero que meu pão de banana e nozes
estrague e não seja comido. espero morrer sem poemas
[e ser
cremada em fornos estatais. espero que minhas cinzas
sejam espalhadas como pólen, para voar com o vento

como borbobudas

**1998**

## Wanda por que que cê num morre

wanda quando que cê vai usar o cabelo solto?
wanda. esse nome é de puta
wanda por que que cê num é rica
wanda cê sabe que nenhum homem com juízo quer uma
família-feita
por que que cê num emagrece
wanda por que que cê é tão raivosa
como que a droga dos seus pés são tão grandes
cê num pode se dar ao luxo de sair deste buraco dos
[infernos
se eu fosse você era você era você
wanda como é que é ser negra
ouvi dizer que cê num gosta de homens negros
me conta que cê é ac/dc. me conta que cê é ninfomaníaca.
[me conta que cê
gosta de correntes
wanda, eu num acho que cê quis dizer isso de verdade
cê tá zoando. garota, cê é louca
wanda o que que te deixa tão raivosa
wanda acho que cê precisa disso
wanda cê num tem senso de humor, cê é muito séria
wanda eu num sabia que tava te magoando
foi sem querer
wanda eu sei o que que cê tá pensando
wanda eu num acho que eles vão te tirar isso

*wanda por que que cê é tão raivosa*

me desculpe eu não lembrei disso disso disso
que isso isso isso era tão importante procê

wanda cê tá SEMPRE na defensiva

wanda wanda wanda fico me perguntando

por que que cê num morre

**(s.d.)**

**Tradução**

Bruna Barros, Jess Oliveira e floresta

# CHERYL CLARKE

(1947–)

Poeta, crítica e ativista das causas feministas, negra e LGBT, Cheryl Clarke nasceu em Washington, DC. Tem bacharelado pela Howard University, Washington, e mestrado e doutorado em literatura e língua inglesa pela Rutgers University, em Nova Jersey, onde também concluiu mestrado em serviço social. Começou a escrever poesia nos anos 1960, ainda na graduação, quando os movimentos Black Power e Black Arts Movement estavam em pleno vigor, passando a se interessar pelas temáticas raciais. Ao longo da carreira, publicou livros de poesia como *Narratives: Poems in the Tradition of Black Women*, em 1982; *Living as a Lesbian*, em 1986; e *By My Precise Haircut*, de 2016.

Seus ensaios mais influentes, incluindo "Lesbianism: an Act of Resistance" e "The Failure to Transform: Homophobia in the Black Community", foram publicados em importantes coletâneas, como *This Bridge Called My Back: Writings by Radical Women of Color*, de 1981, editado por Cherríe Moraga e Gloria Anzaldúa; e *Home Girls: Uma antologia feminista negra*, de 1983. Os temas ligados à sexualidade, ao amor e às questões raciais e políticas estão presentes tanto em sua produção poética quanto em seus ensaios.

Paralelamente à atividade da escrita, Cheryl Clarke sempre atuou em instituições ligadas aos direitos das mulheres, da população negra e LGBT. De 1992 a 2009, foi diretora do Escritório de Educação para Justiça Social e Comunidades LGBT, fundado por ela na Rutgers University.

Cheryl Clarke mora em Hobart, Nova York, cidade na qual administra a livraria Blenheim Hill Books, que mantém com sua parceira Barbara J. Balliet.

aqui.
Telefones não podem ficar fora do gancho
linhas muito tempo ocupadas
ou conversas ainda censuradas.
Sem tempo de encarar nossas mãos
o medo de estender
ou uma vez estendidas
o medo de soltá-las.
Aqui estamos.
Após anos de separação
mulheres tomam seu tempo
dispensam velhas animosidades.
Tribadismo é uma panaceia ancestral e vale o risco
uma panaceia ancestral e vale o risco.

**1986**

## preferência sexual

Eu sou uma lésbica queer.
Por favor, não me chupe agora.
Eu não prefiro cunilíngua.
(Há lugar pra mim no movimento.)

Sua língua não precisa provar a proeza dela
lá
pra mim
agora
nem mesmo na primeira noite.

Sua boca pelo meu corpo todo
e então lá.

**1986**

## estamos em toda parte

e as pessoas brancas ainda não nos veem.
Nos empurram das calçadas.
Nos tomam por homens.
Esperam que a gente dê nosso lugar no ônibus.
Desafiam com sua expressão.
Nos temem em grupos.
E assim o brutal mano a mano.
Como um roteiro de telejornal, toda transação frustra
a fúria. De mãos dadas comigo
você me aconselha
a não deixar que se metam entre nós
a não deixar que se metam entre nós na rua.
Somos atingidas por loucos de guerra
que gravam seus tiroteios em toca-fitas estéreos.

**1986**

## nada

Nada que eu não faça pela mulher que dorme comigo
quando ninguém mais me satisfaz como ela faz.

beijá-la em praça pública
ganhar na loteria
comer sua bunda
no lavatório do trem
dormir em três numa cama de solteiro
parir uma criança
pra ela seguir me querendo.

usar roupa íntima de couro
lembrar dos meus sonhos
fazer esquemas e planos
chupá-la na frente de sua
outra amante
entregar minhas joias
pra ela seguir me querendo.

vender o carro
atá-la na cabeceira da cama e
dar umas palmadas
mentir pra minha mãe
deixá-la me ver foder minha outra amante
perder o casamento da única irmã
pra ela seguir me querendo.

comprar coca pra ela
mostrar o prazer no perigo

da barganha
deixá-la me vestir em fantasias coloridas
com decote baixo e fendida até a virilha
de acesso fácil
pra ela seguir me querendo.

Nada que eu não faça pela mulher que dorme comigo
quando ninguém mais me satisfaz como ela faz.

**1986**

## Intervalo curto

Eu sabia bem o que tava fazendo
acariciando seu cangote
cheiroso no intervalo
perigosamente
curto na encruzilhada entre
desejo, realidade e bravura
feminista.

E se a encruzilhada for de três
ou quatro,
divergência, desvio,
aversão e (um) infeliz curto
intervalo
maior que a grade,
e o terror de uma esquina murada,
um banquinho de piano, um
38 contrabandeado
e esse desejo
fulgaz,
ah, garganta

Eu não lido bem com
expectativas. Sobe
aqui se fizer muito frio no
andar de baixo com suas
janelas todas trincadas.
Mais em cima é mais quente
nesse intervalo

final,
ligeiro
faceiro.

**2017**

Tradução
Fernanda Bastos

bell hooks

(1952–2021)

Ativista e escritora nascida em Hopkinsville, área rural do Kentucky, Gloria Jean Watkins adotou o nome bell hooks em homenagem à bisavó, Bell Blair Hooks, conhecida na família por ser uma mulher de grande coragem. Sua infância na área rural no período da segregação racial norteou as suas reflexões sobre o papel da escrita como uma forma de criar um lugar seguro para as pessoas negras.

Formou-se em literatura inglesa na Universidade de Stanford, em 1973, fez mestrado na Universidade de Wisconsin e doutorado na Universidade da Califórnia – o qual resultou na tese sobre a obra de Toni Morrison.

Dedicou-se a estudar e escrever sobre questões de raça, gênero e classe por meio da análise de aparelhos culturais e de processos de subjetivação, tendo o feminismo negro como metodologia de articulação de seu pensamento.

Publicou mais de trinta livros, entre ensaios e poesia. Em *Appalachian Elegy: Poetry and place*, de 2012, hooks evoca o cenário e os saberes da sua infância no Kentucky. A autora publicou outros três livros de poesia: *And There We Wept* (1978), *A Woman's Mourning Song* (1993) e *When Angels Speak of Love* (2005). Os ensaios em que analisa narrativas culturais são os mais conhecidos dentro da sua produção, destacando-se os textos reunidos nos livros *Olhares negros: Raça e representação* (2019) e *Anseios: Raça, gênero e políticas culturais* (2019). No campo dos estudos do feminismo negro, o livro *E eu não sou uma mulher?: Mulheres negras e feminismo*, de 2019, se tornou uma obra de grande relevância.

Faleceu em 15 de dezembro de 2021, em Berea, no Kentucky.

## Elegia Apalache

**1.**

ouça eles chorarem
os velhos mortos
os que se foram há muito
falam para nós
por entre as covas
guiam-nos
para que possamos aprender
todas as formas
de manter esse solo
dura argila reta
pedra sobre pedra
terra carbonizada
com tempo
grama verde cresce
subirão aqui
árvores de volta à vida
flores nativas
exalando a fragrância da esperança
a promessa da ressurreição

**2.**

assim é a beleza
entregue
contra toda esperança

você está aqui de novo
tornando-se vagarosamente
natureza como camaleão
toda a vida muda
e muda de novo
despertando corações
continuamente se alterando das
perdas anônimas
em força profunda do sofrimento
que pode suportar todos os fardos
até mesmo a longa passagem
para a sombria escuridão
onde nenhuma luz ingressa

**3.**

a noite se move
pela densa escuridão
um silêncio pesado lá fora
próximo da janela em frente
um urso negro
esmurrando as plantas
repelindo a moita
fugindo do confinamento
feito pelo homem
vagando irrestritamente
confiante
qualquer lugar pode ser um lar
descendo

a colina íngreme
como se a liberdade
estivesse toda
no agora
nenhum passado
nenhum presente

**4.**

a terra trabalha
barro marrom espesso
segurando empurrando
um corpo abaixo
escuta o choro da terra ferida
transmita para mim
a enxada a corda
direitos ancestrais
transformar o chão
com pá e peneira
até a história
ressuscitada reescrita
retorna aos seus donos por direito
um passado a reclamar
porém outra pedra se levanta
indo contra o inimigo
fazendo caminho para novos finais
algumas sementes
vão se espalhando pelo morro
rosas selvagens

surgem pelo vento veloz e pela chuva forte
fúrias desencadeadas
aqui nessa madeira tocada
a lamentação a queixa
à terra para viver de novo
terra que é ao mesmo tempo sepultura
lugar de descanso a cama dos novos começos
avalanche de esplendor

**5.**

pequeninos cavalos me guiam
carregam meus sonhos
de pradarias e fronteiras
onde uma vez
as primeiras pessoas vagaram
reclamando associação com a terra
nenhum direito a individualidade ou posse
nenhum senso de território
todas as fronteiras
impostas por sujeitos nunca vistos
aqui eu vou dar para você trovão
despedaçar seu coração com chuva
deixar nevar calmo em você
fazer sua água curativa
limpar doce
uma primavera sagrada
onde quem está sedento
pode beber
animais todos

**6.**

ouça irmãzinha
anjos fabricam a esperança deles aqui
nestas montanhas
siga-me
eu guiarei você
cuidado agora
palavra por palavra
eu guiarei você
palavra por palavra
boca por boca
todas as pessoas abençoadas
abraçando-nos
nossos parentes todos
fazendo casa aqui
quilombolas renegados
fugitivos fora da lei
abençoaram essas montanhas
temos a terra para nos ligarmos
o pacto entre nós
nunca pode ser quebrado
compromissos para viver e deixar viver

**2012**

## Poema da primeira vida

na primeira vida eu era insegura
eu era uma cobra de olhos fechados
sem mãos
eu era só um corpo
movendo-se devagar na escuridão

solitária no meu coração
cavando uma casa de terra e pedras
um templo para o desconhecido
lá cultuar
lá cantar
lá rezar
lá esperar o fim
no qual todas as coisas se assentam

**(s.d.)**

## O corpo dentro da alma

estou ouvindo seus passos de morte estou
esperando aqui
com meu martelo novo
com a minha pequena lâmina
eu deveria espremer seus dedos quando
você abrisse a porta
eu deveria moê-los como milho
eu deveria fazer pão
eu deveria cantar um louvor
uma canção que minha mãe me ensinou
o mundo gira
não há limite
não há jeito de cair fora

**1983**

## A canção de luto da mulher

eu choro
eu choro alto
essa canção de luto
meu coração se eleva
sol na mão
para fazer o pão eu
me elevo
minha mão pesada de trabalho
precisa
da voz de muitos cantos
só
o calor de vários fornos conforta
a guerreira em mim retorna
para imolar o sofrimento
para fazer o pão
para entoar a canção de luto eu
eu choro alto
eu choro alto
eu choro
a canção de luto
vá, morte
vá da casa do amor
vá fazer sua cama vazia

**1993**

Tradução

Luana Moreira

# RITA DOVE

(1952–)

Nascida em Akron, Ohio, é poeta, ensaísta e professora. Graduou-se em língua inglesa na Universidade de Miami e obteve o mestrado em escrita criativa na Universidade de Iowa. A década de 1980 marcou a ascensão de Dove no cenário literário, com as obras *The Yellow House on the Corner*, de 1980, *Museum*, de 1983; e *Thomas and Beulah*, de 1986, livro focado na vida dos avós maternos no Sul dos Estados Unidos, com o qual ganhou o prêmio Pulitzer de poesia, tornando-se a segunda mulher afro-americana a receber a prestigiosa premiação.

Nos anos 1980 trabalhou como professora nas universidades do Arizona e da Virgínia e lançou outros livros de poesia: *The Other Side of the House*, de 1988, e *Grace Notes*, de 1989. Sua notoriedade culminou em 1993, quando foi nomeada Poeta Laureada dos Estados Unidos e Consultora em poesia da Biblioteca do Congresso, sendo a mais jovem e a primeira afro-americana a receber tais honrarias.

A poesia de Rita Dove está voltada para cenas cotidianas, experiências da intimidade e temas universais. Ainda que aborde questões raciais, sobretudo no que toca à identidade da mulher negra, sua produção é bastante singular dentro do panorama da poesia negra dos Estados Unidos do século XX. Dove também escreveu uma peça de teatro de sucesso, *The Darker Face of the Earth*, que estreou em 1996, teve vários de seus poemas musicados, e publicou livros de contos e ensaios.

Em 2016, foi finalista do National Book Award com a obra *Collected Poems: 1974-2004*. Em 2021, lançou o livro *Playlist for the Apocalypse* e, no ano seguinte, recebeu o Ruth Lilly Poetry Prize. Atualmente, leciona escrita criativa na Universidade da Virgínia, em Charlottesville.

## Devaneio ao ar livre

Reconheço meu status de pessoa estranha:
Roupas inadequadas, hábitos incomuns
Fora de sincronia com vespa e passarinho
Admito que não sei como
Ficar quieta ou me mover sem um propósito.
Prefiro livros à luz do luar, estátuas a árvores.

Mas este gramado foi nivelado para ser contemplado,
Então, tiro as sandálias e caminho na grama fresca.
Quem disse que somos apenas músculos e fluidos?
Meus pés são os primitivos aqui.
Quanto ao resto – ah, o ar agora
É um tônico de ausência, trazendo apenas
Notícias de uma brisa.

**(s.d.)**

## Saída

Justo quando a esperança se esvai, o visto é concedido.
A porta se abre para uma rua como nos filmes,
Sem gente, sem gatos; só que é a sua rua
você está indo embora. O visto foi concedido,
“provisoriamente” – uma palavra preocupante.
As janelas que você fechou
estão ficando rosadas, fazendo o que fazem
a cada amanhecer. Aqui é cinzento. A porta
do táxi espera. Esta mala,
o objeto mais triste do mundo.
Bem, o mundo está aberto. E agora através
do para-brisas o céu começa a corar
como você quando a sua mãe lhe disse
o que era preciso para ser uma mulher nesta vida.

**(s.d.)**

## Testemunho

No tempo em que a terra era nova
e o céu apenas um sussurro,
quando os nomes das coisas
não haviam tido tempo de se fixar;

quando as mais suaves brisas
derretiam o verão em outono,
quando todos os álamos tremiam
docemente enfileirados...

o mundo chamava e eu respondia.
Cada olhar se transformou em um olhar fixo.
Recuperei o fôlego e chamei isso de vida,
desmaiei entre colheradas de sorvete de limão.

Eu era pirueta e florescimento,
Eu era filigrana e chama.
Como eu poderia contar as minhas bênçãos
Se eu não sabia os seus nomes?

Quando tudo ainda estava por vir,
a sorte escorria por todos os lados.
Eu fiz a minha promessa ao mundo
e o mundo me seguiu até aqui.

**1998**

## Trans-

A lua está em dúvida
se deve ser
um homem ou uma mulher.

Tem havido rumores,
todo o tipo de alegações,
afirmações ousadas e mentiras públicas:

Ele é beligerante. Ela está deprimida.
Quando ele desaparece, o mundo oscila.
Quando ela cresce, o crime floresce.

Oh, como o impulso operático vacila!
Mergulhe fundo, minha querida, na piscina vazia.

**2015**

## Senhora Liberdade entre nós

não baixe os olhos
nem olhe diretamente para onde
você acha que deveria ir

não murmure oh não
outro não
arrume um emprego, empine pipa
vá enterrar um osso

com suas sandálias antiquadas
com suas saias plúmbeas
com bochechas e bigodes manchados e bugigangas
[empilhadas
ela se levantou em reprovação contundente

colocou o cabelo debaixo de um boné de segunda mão
e o enfeitou com penas e estrelas
sobre os ombros ela carrega
As camadas arco-íris da caridade e murmura
todos vocês, até o menor de vocês

não atravessem para o outro lado da praça
não pensem em outra atração para o itinerário de um
[turista

considerem o seu olhar úmido a sua testa brilhante
ela que trouxe a misericórdia de volta às ruas
e não se retirará educadamente para o campo do oleiro

tendo assumido a pele grossa desta cidade
sua fuligem áspera, seu sol escaldante e sua sombra
ela descansa na sua plumagem envelhecida
forte e resoluta

não pense que você pode esquecê-la
nem sequer tente
ela não vai ceder

não há escolha senão conceder seu espaço
coroá-la com o céu
porque ela é uma de muitas
e ela é cada uma de nós

**1993**

**Tradução**
Desirée dos Santos

# NIKKY FINNEY

**(1957–)**

Nikky Finney nasceu na Carolina do Sul, filha de um advogado e de uma professora muito ativos no Movimento dos Direitos Civis, tendo, portanto, uma infância marcada pela agitação do Sul dos Estados Unidos das décadas de 1960 e 1970. Em uma entrevista a revista *Oxford American*, disse: "Nunca estive longe da luta pelos direitos humanos em que os negros estão envolvidos no Sul [dos Estados Unidos]. Esse tem sido um dos cenários durante toda a minha vida."

O primeiro livro de Nikky Finney foi *On Wings Made of Gauze*, de 1985. Em seguida, publicou *Rice*, em 1995; *Heartwood*, em 1997; e *Head Off & Split*, em 2011, obra vencedora do National Book Award. Depois vieram *The World Is Round*, de 2003, e *Love Child's Hotbed of Occasional Poetry*, de 2020. Além disso, participou da antologia *New Daughters of Africa*, de 2019, editada pela escritora ganense Margaret Busby.

Articulando elementos dos contextos pessoal e o político, sua poesia é influenciada por poetas como Lucille Clifton e Nikki Giovanni. Dentro de uma temática abrangente e utilizando formas estilísticas bem variadas, seus poemas exploram assuntos que vão desde as consequências do furacão Katrina até a importância de mulheres como Rosa Parks e Condoleezza Rice.

A escritora recebeu vários prêmios por seu trabalho, entre eles o prêmio PEN Open Book Award/Beyond Margins, em 1999; o título *Doctor honoris causa* em Humanidades da Claflin University, em 2002; e o prêmio Benjamin Franklin, da Associação de Livreiros Independentes, em 2013.

Atualmente é professora titular da cátedra John H. Bennett de Escrita Criativa e Letras na Universidade da Carolina do Sul.

## O clitóris

tem 9 cm
na pélvis.

A maior parte amassada & escondida.

Novos estudos mostram
a tímida ondulação
sendo mais longa
do que o pênis,
mas como a África,
o continente,
ele nunca é desenhado
do tamanho certo.

Cartógrafos, e outros, que desenham
coisas importantes pra viver,
não querem que saibamos disso.

Em algumas fêmeas,

o clitóris se alonga,
se abre,
20 cm,
de 5 a 9 cm,
sem revestimento,
pra fora do corpo.

O recorde de maior clitóris
foi encontrado na baleia azul.

Na água
o desejo pode aumentar,
honrar níveis do mar,
ignorar cartógrafos sem litoral.

Na água, o desejo recusa o recuo.

**2011**

## Deixada

*Uni Duni Tê!* *
*—Rudyard Kipling,* "Uma Canção Infantil",
*em* Contos de terra e mar para escoteiros e guias, *1923*

A mulher com pernas de líder de torcida
foi deixada pra morrer. Ela com seus pés queimando no
[telhado,
quatro dias, três noites, seus dedos pulando,
armas de fogo pra cima & pra baixo, embalando o bebê
de uma semana no berço, apontando para a avó de
oitenta e dois anos, rouca & se abanando
na cadeira dobrável do New Orleans Saints.**

*Uni Duni Tê!*

Três vezes ao dia o helicóptero voa
baixo. A avó insiste em não
ser ajudada, então ela balança um lenço
que ela põe e tira da cabeça
em direção ao cinegrafista e ao piloto que
lembra muito bem a arte da postura
de lentes refletoras no seu helicóptero que voa baixo:
[Bong Son,

* Trecho de uma cantiga infantil, utilizada também em sentido racista, como feito pelo escritor britânico Rudyard Kipling no poema "A Counting-Out Song". No trecho original, os primeiros versos *"Eenee Menee Mainee Mo"* são versos infantis para escolher alguém para brincar, equivalentes ao "Uni Duni Tê Salamê Minguê" populares no Brasil. (N.T.)

** Time de futebol americano de Nova Orleans. (N.T.)

Dong Ha, Pleiku, Chu Lai.* Ele dá um rasante
vapt & vupt Vietcong, conhecido em Operações de Resgate
como o Voo da Observação.

O telhado é cercado de água de dique-destruído.
As pessoas são escuras mas não destruídas.
Famintas, abandonadas, desidratadas, turvas &
[amontoadas,
mas não destruídas. Os quatrocentos anos
de aniversário de observação começa, de novo –

*Uni Duni Tê!*
*Salamê –*

A mulher com pernas de pom-pom acena
com sua placa escrita à mão:

Mim ajuda   Socorro  Mim ajuda**

e mesmo que o *mim* tenha sido colocado no lugar de *me*

você saberia simplesmente

ao olhar para ela
que ele foi trocado
por que ela não sabe escrever
(e portanto não vale a pena salvá-la)

* Bong Son, Dong Ha, Pleiku e Chu Lai foram importantes locais de bases aéreas dos Estados Unidos na Guerra do Vietnã. (N.T.)

** Nikky Finney evoca a imagem de uma vítima do Katrina abandonada segurando uma placa com equívocos ortográficos, em inglês: "Pleas Help Pleas." (N.T.)

ou é por que a água subiu tão rápido
que não houve tempo de consertar?

*Uni Duni Tê!*
*Salamê Min – guê –*

O helicóptero voando baixo não sabia
a resposta. Ele grava tudo isso numa fita patriótica,
mas não aterrissa, nem joga dicionário,
ou escada.

Normas requerem que o mim não conjuga
verbo antes que qualquer resposta nacional
possa ser dada.

Por isso, leva quatro dias antes
do conselho nacional de observadores considerar
jogar uma garrafa d'água, ou um leite
em pó infantil, no telhado
onde o mim rolou para a enchente,

(mas obviamente não espirrou
alto o suficiente)

onde quatro dias depois nem a mãe,
nem a neném,
mas quem insistentemente acenava,
que tinham o mesmo nome dela,
(por causa dela) agora está encoberta
com um toldo de plástico verde de janela

jogada pro lado
bem onde o mim ajuda foi o último a ser visto.

*Minha mãe mandou eu escolher*
*Esse daqui!*

Do que mais você poderia chamar isso,
Sr. Toda Criança Deixada Para Trás*.

Qualquer pessoa que você conhece
sabe que mim não
conjuga verbo?

Batata Palha   Batata Palia**

No futuro helicópteros de observação
vão deixar o bem-observado Sul e voar
em uma formação Kanye-West***-Estava-Finalmente-Certo.
Eles vão chegar em San Diego que está em chamas.

Os incêndios serão apagados.

* Referência ao então presidente dos Estados Unidos George W. Bush, que promulgou a lei de política educacional denominada "No Child Left Behind (NCLB) - 2001" (Nenhuma criança será deixada para trás). (N.T.)

** Referência ao então vice-presidente de George H. W. Bush, Dan Quayle, que em 1992, na ocasião de um concurso ortográfico, disse a um estudante de doze anos que a palavra *potato* (batata) grafava-se com e no final (*Potatoe*). Na tradução optou-se por "batata palha" como exemplo de irregularidade ortográfica em português, já que "LH" pode facilmente ser trocado por "L" diante da grafia de alguns ditongos como é o caso de "batata palha" / "batata palia". (N.T.)

*** Kanye West, em entrevista após o furacão Katrina, se pronunciou contra o governo dizendo: "George Bush não se importa com a população negra." (N.T.)

As pessoas vão esperar de uma maneira civilizada.
E vão receber *foie gras* e massagem de graça
por todos os infortúnios, já que lá as casas não
inundam, mas sim queimam calmamente até o chão.

As avós estavam certas
sobre tudo.

Pessoas que sobreviveram ao chicote & Bull
Connor,* historicamente com medo de água e que
[rotineiramente
serviam de comida aos crocodilos, deixadas no sol no
[pegajoso piche
quente do telhado para serem assadas como porcos,
[rodeadas por
doze metros de água agitada, no verão
de 2005, enquanto o país mais rico do mundo
brincou o velho jogo de observação, estudou
a situação: perguntou para a comissão o que fazer;
contou, no privado, por uma longa histórica divisão;
especulou se algumas pessoas certamente nasceram
[prontas,
acostumadas ou não com enchente, fome, medo.

*Minha mãe mandou eu escolher*
*esse daqui*
*mas como eu sou teimoso!*

* Eugene "Bull" Connor foi um famoso comissário de segurança pública da cidade de Birmingham (Alabama), conhecido por ser contrário ao Movimento dos Direitos Civis nos Estados Unidos e, também, por fazer comentários públicos com ideologias racistas. (N.T.)

Depois de tudo, havia apenas a pobre coitada
[Nova Orleans,
cidade bastarda antiga de engraçada ortografia.
[Nãonadadores
com sotaque de sanfona rouca. Quem seria
deixado vivo para se importar?

**(s.d.)**

## Taboas*

Uma mulher dirige atravessando cinco estados só para vê-la. A mulher que estava sendo abordada não tem nenhuma ideia de que alguém pudesse estar em sua direção. A motorista cruza três pontes & sete lagos só para chegar à porta dela. Ela para no meio da estrada, caminha com dificuldade no solo encharcado, corta espigas de taboa, as carrega para o seu carro, como se tivessem cor de sorvetes de laranja, de haste-longa, rosas-loucas, tosadas pelo próprio Sherman**. Por dois dias ela dirigiu rumo à mulher em Kentucky, dormindo em áreas de descanso com seu assento rebaixado por todo o caminho de volta, portas trancadas. Quando ela alcança a divisa do estado está nevoando. A mulher cansada cantando-pneu finalmente chama adiante. Eu estou aqui, ela diz. Quem é? A mulher que estava sendo abordada, a qual nunca checou o óleo, pergunta. A motorista a lembrou da recente oficina de escrita onde elas compartilharam o amor por todas as coisas lá fora e líricas. Venha, venha almoçar comigo, a motorista convida. Elas comeram saladas de espinafre com diferentes tipos de molho. Elas falam sobre dirigir, a terceira coisa que ambas amam e o quão rápido as nuvens podem mudar da divisa de um estado para o outro. A mulher que não-sabia-que-ela-estava-

* Planta aquática comestível com longas folhagens e espigas que se assemelham a salsichas. (N.T.)

** General dos Estados Unidos que durante a Guerra Civil lutou pelo Exército da União (ao lado dos abolicionistas). Mesmo contrário à secessão Sherman era simpatizante dos confederados (escravocratas) no que diz respeito à escravatura. (N.T.)

vindo olhou fixamente para a que tinha acabado de chegar. Ela tenta ler as poderosas folhas de espinafre na sua cumbuca, particularmente maravilhada pela musculosidade espontânea da motorista. Ela mal podia acreditar que aquela quase estranha tinha atravessado cinco estados só para almoçar com ela. Ela imagina onde esta motorista louca vai dormir esta noite. Ela tem duas mentes motoristas. Uma conversível. Uma capota rígida. A motorista mostra as fotos das suas crianças. Lindas, a outra fica quieta. Em pouco tempo as palavras ficaram sem combustível. A mulher que está em casa, mas sem suas próprias fotos, anuncia que ela precisa ir. A motorista inquieta & em chamas, Posso te acompanhar até o carro? Elas caminham. A motorista muda duas faixas em terceira marcha, rápido. O porta-malas abre. A sósia de Mario Andretti* preenche os braços da outra mulher com uma espiga tosada de taboa. Um metro e meio de altura & precisando desesperadamente de luz solar & roubada orgulhosamente por todos os cinco estados. A mulher sem suas próprias crianças puxa suas vinte libras pra perto, colocando-as sobre seu coração de Peter-Pan. Seus pulmões vazios, então cheios, então cheios de novo com o surto do nascimento & surpresa. Por dois anos até que seus corpos de veludo comecem (ou terminem) a cair em pedaços, toda vez que a mulher que estava sendo abordada passa pelo buquê, que está lá, no vaso em frente à porta, ela se lembra do cheiro de como é se apaixonar, sem permissão. Toda vez que

* Ex-piloto de Fórmula 1 de grande fama nos Estados Unidos. (N.T.)

ela alcança suas chaves, ela se lembra do que você deve se dispor para se transformar por causa do amor: cogumelo-ostra espinhosa, ameixa roxa, pântano salgado, cedro, creosoto, novo broto de romã, sábio mar azul Egeu, figo, *blueberry*, flor dos mortos, queda das folhas, nevoeiro, losna, dama-da-noite.

**(s.d.)**

## Relíquias de família*

Pôr do sol, o dia quase devorado,

os tomates Boxcar Willies** espiam. Dentro
dos olhos deles empurram preto e gorducho

contra as paredes da casca de abóbora. Eu piso
na luz morta do quintal. Ambas as mãos

se movem sutilmente no ar dilatado do verão,
um cego alcança uma chama de ácido,

flor fantasma de nácar & peito,
Um Tomate Cherokee Purple de Atlanta,

dois insignificantes tomates Radiator Charlies
são atraídos por Lena-Horne*** para os dedos
da minha mão direita. Mas o eu realmente te amo,

entra no meu ouvido como um ninho de vespas jaquetas
[amarelas,****
bem forçado embaixo de um pedaço de tábua.

* No original, *"Heirloom"*, nome de uma variação de tomates cujo consumo nos Estados Unidos virou forte tendência no fim dos anos 1980. *"Heirloom"* significa também relíquia de família, heranças pequenas como, por exemplo, joias herdadas de alguma pessoa. (N.T.)

** Variedade de tomate de Nova Jersey nomeado em homenagem ao cantor e compositor branco estadunidense de música *country* nascido no Texas, Boxcar Willie (1931-1999). (N.T.) A seguir, Cherokee Purple e Radiator Charles são outras variedades de tomates encontradas nos Estados Unidos.

*** Lena-Horne (1917-2010) foi cantora, dançarina, atriz e ativista negra presente também na luta dos direitos civis nos Estados Unidos. (N.T.)

**** "Jaqueta amarela" é o nome comum na América do Norte para um tipo de vespa. (N.T.)

Mas eu realmente nunca pensei que eu (iria embora)
picada antes da escada bater no chão.

Eu esmago o familiar zumbido.
Meu bom braço parecendo um arco e flecha.

A ponta do meu cotovelo alta, segurando firme
e desenha um fogo. O ar suado do final

do dia mexe rápido numa cumbuca, as sombras
chegando, a própria combinação de diamantes que eu
[preciso.

Um por um, cada tomate Blind Willie*
goteja como Jackson Pollock na cerca

traseira, coração de pinos explodem folheado a ouro em
vermelho e olho castanho ocre. Existe uma prática

para tudo nesta vida. É assim que
você joga fora algo perfeitamente bom.

**2011**

* A autora parece querer fazer uma homenagem ao cantor cego Blind Willie (1897-1945), conhecido também como "Blind" Willie Johnson, músico afro-estadunidense de blues e música gospel. (N.T.)

## Canteiro 66*

Me contaram que ela passa seus dias encarando os olhos das peônias, a frágil pele de lírios do dia, as bocas abertas de narcisos, a cerosa e piscadas minguantes e rosas de lírios-da-paz. Eu tô te falando esta mulher era sabida das flores. Dizem que ela estava dirigindo para o trabalho quando o viu, ou disseram que ela estava entregando um buquê de flores frescas para alguém de aniversário, ou só tinha acabado de sair da porta de um doce casal que comemorava seus cinquenta anos? Eu não consigo me lembrar de tudo aquilo agora. Tudo o que eu consigo pensar é o quanto ela deveria saber sobre flores antes deste momento começar. Eu sei que ela era uma mulher dirigindo na estrada e prestando bastante atenção no mundo a sua volta. Ela também era só uma mulher que não desviava o olhar quando viu aquele corte de cabelo tigelinha quando ele passou na faixa do lado. Era dele o pescoço longo que o entregou? No carro o qual não ia nem muito rápido nem muito devagar. No carro que tinha um banco de trás. Foi no banco de trás onde ele colocou a arma que ele tinha acabado de usar para matar os nove girassóis oradores da Mãe Emanuel**? Ou a arma estava

* Canteiro (*Hotbed*) é o nome dado a algumas poesias publicadas no livro *Love Child's Hotbed of Occasional Poetry: Poems & Artifacts* [Poesia ocasional de canteiro de amor de criança]. Nikky criou uma pasta de arquivos com o nome "Canteiro" para poder ver como os momentos particulares escritos em uma coleção de diários poderiam alimentar e fertilizar a construção de poemas públicos. (N.T.)

** Mãe Emanuel (Mother Emanuel) é a igreja metodista mais antiga do sul dos Estados Unidos, também conhecida como Igreja Africana Metodista Episcopal (AME, sigla em inglês), voltada à comunidade negra da cidade. (N.T.)

no banco da frente com ele? Até então, em Charleston* as nove flores-da-paixão caíram no chão do porão dentro da igreja. Os nove copos-de-leite foram partidos ao meio. Ela viu o seu corte de cabelo engraçado e rapidamente o reconheceu como aquele que tinha acabado de tirar as vidas de nove seres humanos, em plena flor da idade, os quais o tinham recebido, o chamado de filho, o convidado para se sentar e estar com eles em nome do Pai, do Filho, do Espírito Santo. Dez fragrâncias de gardênias o tinham recebido em seus círculos e a moça da flor foi a única que reconheceu o longo pescoço e fez a ligação. O que ela disse no telefone? Oi. Eu tô ligando pra fazer uma denúncia. Aquele jovem que vocês estão procurando... que atirou naquela igreja... ele está aqui na estrada comigo... um carro preto. Eu sei que é ele, ele está coberto, dos pés à cabeça, de pólen.

**(s.d.)**

* Cidade portuária na Carolina do Sul onde nove afro-estadunidenses foram assassinados, em 2015, na igreja Mãe Emanuel, por um supremacista branco. (N.T.)

Tradução
Nina Rizzi

# HARRYETTE MULLEN

(1953–)

Nascida em 1953, em Florence, Alabama, é poeta, contista, ensaísta e professora universitária. Escreve desde criança, mas começou a produzir poesia de forma mais sistemática no ensino médio, quando seu primeiro poema foi publicando em um jornal de Forth Worth (Texas), onde passou grande parte da infância e da juventude. O seu primeiro livro de poesia, *Tree Tall Woman*, foi publicado em 1981, pouco depois de se formar em inglês e literatura pela Universidade do Texas.

Publicou vários livros de poesia, como *S*PeRM**K*T* (1992), *Sleeping with the Dictionary* (2002) – livro indicado ao National Book Award –, *Recyclopedia* (2006), *Urban Tumbleweed: Notes from a Tanka Diary* (2013) e *Open Leaves* (2023).

A produção poética de Harryette estabelece um diálogo com elementos da cultura pop, do blues, do jazz e da oralidade das ruas, realizando uma operação estética que busca romper com as normas linguísticas estabelecidas, destacando tradições marginalizadas no contexto do experimentalismo afro-americano, como o chamado Black English Vernacular, o inglês vernacular negro.

Atualmente, é professora de inglês na Universidade da Califórnia, em Los Angeles, na qual leciona redação criativa e literatura afro-americana.

## Círculo de Mulher

Tente fazer uma mulher
que seja completa
Seu corpo uma tigela para pegar a chuva
um jarro redondo para servir vinho
um pote de barro para armazenar grãos

Tente desenhar um círculo
para sobreviver ao fim do mês
para completar o círculo
desta mulher
Como girar a roda
para circunavegar o globo
para enrolar e assar o barro
para fazer essa mulher
que é uma lua cheia
com força tal
para sacudir o oceano

**(s.d.)**

## Não somos responsáveis

Não somos responsáveis por seus parentes perdidos ou roubados. Não podemos garantir sua segurança se você desobedecer às nossas instruções. Não apoiamos as causas ou reivindicações de pessoas que imploram por esmolas. Reservamo-nos o direito de recusar serviço a qualquer pessoa. Sua passagem não garante que honraremos suas reservas. Para facilitar nossos procedimentos, limite sua atuação. Antes de decolar, favor extinguir todos os ressentimentos latentes. Se você não consegue entender inglês, será expelido do caminho. Em caso de perda, é melhor cuidar de si mesmo. Seu seguro foi cancelado porque não podemos mais lidar com suas reclamações pavorosas. Nossos encarregados perderam sua bagagem e não conseguimos encontrar o recurso do seu processo legal. Você foi detido para interrogatório porque se enquadra no perfil. Não se presume sua inocência se a polícia tiver motivos para suspeitar que você carrega uma carteira escondida. Não é nossa culpa que você tenha nascido com a cor de uma gangue. Não é nossa obrigação informá-lo sobre seus direitos. Afaste-se, por favor, enquanto nosso oficial inspeciona sua péssima atitude. Você não tem direitos que somos obrigados a respeitar. Por favor, mantenha a calma ou não seremos responsabilizados pelo que acontecer com você.

**2002**

## Trocando de pele

Puxando a velha pele cheia de cicatrizes
(velha coisa áspera de que não preciso mais,
vou me despindo
deslizando para fora
deixando para trás)

Arranco as escamas mortas
jogo as lascas de pele no chão

Eliminando a resistência
descascando as camadas
até as coisas vulneráveis

E estou piscando as velhas pálpebras
para uma nova maneira de ver

Nesta rocha em que me esfrego
serei delicada novamente

**(s.d.)**

vá lá irmã cantar sua música
senhora rubra *señora* rubia
leva o dia todo
lavando sua núbia

ela chega onde tem que chegar
com ou sem ele
preciso berrar quando
o ritmo que me oferece apele

os membros não se cansam nessa euforia
coloca um pouco mais de prática na sua teoria
ela quer saber se isso é coisa de homem
ou só uma coisa dele

desejando sorte a grimpar
ela lhe deu limões para chupar
falou para ele por favor querido
melhore sua embocadura

**(s.d.)**

## Tudo que ela escreveu

Perdoe-me, não sou boa nisso. Não posso responder. Nunca li sua carta. Não posso dizer que recebi seu recado. Não tive forças para abrir o envelope. A correspondência fica empilhada perto da porta. Sua letra está ilegível. Seus cartões-postais foram desfigurados. Lavar o cabelo molhado? Qualquer documento que você pretendia enviar ainda não chegou até mim. O serviço de encomendas soltas nunca foi entregue. Lamento dizer que não posso responder aos seus desejos não expressos. Não recebi o livro que você enviou. A propósito, meu computador foi roubado. Agora não consigo processar palavras. Eu sofro de afasia. Acabei de voltar do Quênia e da Coreia. Você ainda não recebeu um postal meu? O que posso te dizer? Esqueci o que ia dizer. Ainda não consigo encontrar uma caneta que funcione e quebrei meu lápis. Você sabe como o papel é escasso hoje em dia. Confesso que não tenho reciclado. Nunca tenho tempo para ler o *Times*. Estou sem sacolas de mercado para guardar jornais antigos. Ainda não cheguei ao mercado. Eu queria guardar os cupons. Ainda não li o e-mail. Não consigo sair para trabalhar, então liguei dizendo que estava doente. Fui para a cama com cãibras de escrivão. Se eu não conseguir voltar a escrever, pensei em colocar a leitura em dia. Então a Oprah apareceu com uma autora fabulosa divulgando seu livro na lista dos mais vendidos.

**2002**

## TRADUÇÃO

**Ana Meira** — “Dirge for the lynched” (Amina Baraka); “Slave legacy” (Amina Baraka); “To the people of Palestine” (Amina Baraka)

**Bruna Barros e Jess Oliveira** — “Brief interval’ (Cheryl Clarke); “A litany for survival” (Audre Lorde); “A woman speaks” (Audre Lorde); “Revolution is one form of social change” (Audre Lorde)

**Desirée dos Santos** — “Poetry” (Nikki Giovanni); “Woman” (Nikki Giovanni); “Woman poem” (Nikki Giovanni); “My poem” (Nikki Giovanni); “Choices” (Nikki Giovanni); “The clitoris” (Nikky Finney); “Left” (Nikky Finney); “Cattails” (Nikky Finney); “Herloom” (Nikky Finney); “Hotbed 66” (Nikky Finney); “Cattails” (Nikky Finney); “Herloom” (Nikky Finney)

**Fernanda Bastos** — “Appalachian Elegy (1-6)” (bell hooks); “poem for the first life” (bell hooks); “the body inside the soul” (bell hooks); “the woman’s mourning song” (bell hooks); “Women” (Alice Walker); “New face” (Alice Walker); “Be nobody’s darling” (Alice Walker); “Expect nothing” (Alice Walker)

**floresta** — “intimacy no luxury” (Cheryl Clarke); “Sexual preference” (Cheryl Clarke); “we are everywhere” (Cheryl Clarke); “nothing” (Cheryl Clarke)

**Jade Medeiros** — “Questions” (Pat Parker), “My lover is a woman” (Pat Parker), “Don’t let the fascist speak” (Pat Parker), “For the white person who wants to know how to be my friend” (Pat Parker)

**Luana Moreira** — “Hatred” (Gwendolyn Bennett); “Heritage” (Gwendolyn Bennett); “To a dark girl” (Gwendolyn Bennett); “I build America” (Gwendolyn Bennett); “Epitaph” (Gwendolyn Bennett); “Reverie in open air” (Rita Dove); “Exit” (Rita Dove); “Testimonial” (Rita Dove); “Trans-” (Rita Dove); “Lady freedom among us” (Rita Dove)

**Lubi Prates** — “Calling on all silent minorities” (June Jordan); “These poems” (June Jordan); “Poem about my rights” (June Jordan); “I must become a menace to my enemies” (June Jordan); “It’s hard to keep a clean shirt clean” (June Jordan); “The calling of names” (Maya Angelou); “My guilt” (Maya Angelou); “When I think about myself” (Maya Angelou); “Still I rise” (Maya Angelou); “Phenomenal woman” (Maya Angelou); “i am accused of tending to the past” (Lucille Clifton); “listen children” (Lucille Clifton); “sisters” (Lucille Clifton); “the lost women” (Lucille Clifton); “won’t you celebrate with me” (Lucille Clifton)

**Mariana Correia Santos** — “Fragment” (Angelina Weld Grimké); “Tenebris” (Angelina W. Grimké); “The black child” (Angelina W. Grimké); “You” (Angelina W. Grimké); “Your hands” (Angelina Weld Grimké); “I am a Black” (Gwendolyn

Brooks); "The mother" (Gwendolyn Brooks); "Sadie and Maud" (Gwendolyn Brooks); "We real cool" (Gwendolyn Brooks); "A song in the front yard" (Gwendolyn Brooks)

**Nina Rizzi** — "What it means to be dark" (Wanda Coleman); "Notes of a cultural terrorist 2" (Wanda Coleman); "In that other fantasy where we live forever" (Wanda Coleman); "Things no one knows" (Wanda Coleman); "Wanda why aren't you dead" (Wanda Coleman); "Women circle" (Harryette Mullen); "We are not responsible" (Harryette Mullen); "Shedding skin" (Harryette Mullen); "go on sister sing your song" (Harryette Mullen); "All she wrote" (Harryette Mullen)

**Sara Ramos** — "Present" (Sonia Sanchez); "Catch the fire" (Sonia Sanchez); "Personal letter no. 3" (Sonia Sanchez); "There it is" (Jayne Cortez); "The oppressionists" (Jayne Cortez); "Rape" (Jayne Cortez); "How long has trane been gone" (Jayne Cortez); "Jazz fan looks black" (Jayne Cortez)

**tatiana nascimento** — "For each of you" (Audre Lorde); "Power" (Audre Lorde)

## REFERÊNCIAS DOS POEMAS

(Na ordem em que aparecem na edição)


**Angelina Weld Grimké**

"Fragment" – *The Selected Works of Angelina Weld Grimké*. Oxford: Oxford University Press, 1991.
"Tenebris" – *The Selected Works of Angelina Weld Grimké*. Oxford: Oxford University Press, 1991.
"You" – *Aphrodite's Daughters: Three Modernist Poets of the Harlem Renaissance*. Nova Jersey: Rutgers University Press, 2018.
"Your hands" – *The Selected Works of Angelina Weld Grimké*. Oxford: Oxford University Press, 1991.
"The black child" – *The Selected Works of Angelina Weld Grimké*. Oxford: Oxford University Press, 1991.

**Gwendolyn Bennett**

"Hatred" – *The Book of American Negro Poetry*. Califórnia: Harcourt, 1922.
"Heritage" – *Heroine of the Harlem Renaissance and Beyond*. Pensilvânia: Penn State University Press, 2018.
"To a dark girl" – *Heroine of the Harlem Renaissance and Beyond*. Pensilvânia: Penn State University Press, 2018.
"I build America" – *Heroine of the Harlem Renaissance and Beyond*. Pensilvânia: Penn State University Press, 2018.
"Epitaph" – *Heroine of the Harlem Renaissance and Beyond*. Pensilvânia: Penn State University Press, 2018.

**Gwendolyn Brooks**

"I am a black" – *Children Coming Home*. Wilmington: David Publishing Company, 1991.
"The mother" – *A street in Bronzeville*. Nova York: The Library of America, 1945
"Sadie and Maud" – *A street in Bronzeville*. Nova York: The Library of America, 1945.

"We real cool" – *The Bean Eaters*. Wyoming: Creative Media Partners, 1960.
"A song in the front yard" – *A street in Bronzeville*. Nova York: The Library of America, 1945.

**Maya Angelou**
"The calling of names" – *Just Give Me a Cool Drink 'Fore I Diiie*. Nova York: Random House, 1971.
"My guilt" – *Just Give Me a Cool Drink 'Fore I Diiie*. Nova York: Random House, 1971.
"When I think about myself" – *Just Give Me a Cool Drink 'Fore I Diiie*. Nova York: Random House, 1971.
"Still I rise" – And Still I Rise: A Book of Poems. Nova York: Random House, 1978.
"Phenomenal Woman" – *And Still I Rise: A Book of Poems*. Nova York: Random House, 1978.

**Audre Lorde**
"For each of you" – *From a Land where Other People Live*. Detroit: Broadside Press, 1973. Publicado em *Entre nós mesmas: poemas reunidos*. Rio de Janeiro: Bazar do Tempo, 2020.
"A litany for survival" – *The Black Unicorn*. Nova York: W. W. Norton & Company, 1978. Publicados em *A unicórnia preta*. Belo Horizonte: Relicário Edições, 2020.
"A woman speaks" – *The Black Unicorn*. Nova York: W. W. Norton & Company, 1978. Publicados em *A unicórnia preta*. Belo Horizonte: Relicário Edições, 2020.
"Power" – *Between Ourselves*. Point Reyes: Eidolon Editions, 1976. Publicado em *Entre nós mesmas: poemas reunidos*. Rio de Janeiro: Bazar do Tempo, 2020.
"Revolution is one form of social change" – *The collected poems of Audre Lorde*. Nova York: W. W. Norton & Company, 1997.

**Jayne Cortez**
"There it is" – *On the Imperial Highway: New and Selected Poems*. Nova York: Hanging Loose Press, 2009.
"The oppressionists" – *On the Imperial Highway: New and Selected Poems*. Nova York:

Hanging Loose Press, 2009.
"Rape" – *On the Imperial Highway: New and Selected Poems*. Nova York: Hanging Loose Press, 2009.
"How long has Trane benn gone" – *Jazz Fan Looks Black*. Nova York: Hanging Loose Press, 2002.
"Jazz fan looks black" – *Jazz Fan Looks Black*. Nova York: Hanging Loose Press, 2002.

**Sonia Sanchez:**
"Present" – *A Blues Book for Blue Black Magical Women*. Michigan: Broadside Lotus Press, 1995.
"Catch the fire" – *Wounded in House of a Friend*. Boston: Beacon Press, 2021.
"Personal letter no. 3" – *We a BaddDDD people*. Michigan: Broadside Lotus Press, 1970.

**June Jordan**
"Calling on all silent minorities" – *Essential June Jordan*. Londres: Penguin Random House, 2021.
"These poems" – *Directed by Desire: The Collected Poems of June Jordan*. Washington: Copper Canyon Press, 2005.
"Poem about my rights" – *Directed by Desire: The Collected Poems of June Jordan*. Washington: Copper Canyon Press, 2005.
"I must become a menace to my enemies" – *Directed by Desire: The Collected Poems of June Jordan*. Washington: Copper Canyon Press, 2005.
"It's hard to keep a clean shirt clean" – *Essential June Jordan*. Londres: Penguin Random House, 2021.

**Lucille Clifton**
"i am accused of tending to the past" – Quilting: Poems, 1987-1990. Nova York: BOA Editions, 1991.
"listen children" – *Good news about the earth: New poems*. Nova York: Random House, 1972.
"sisters" – *An Ordinary Woman*. Nova York: Random House, 1974.
"the lost women" – *Next: New Poems*. Nova York: BOA Editions, 1987.
"won't you celebrate with me" – *The Book of Light*. Washington: Copper Canyon Press, 1992.

**Amina Baraka**
"Dirge for the lynched" – Festival Mundial de Poesía Venezuela 2004. Caracas: Monte Ávila Editores Latinoamericana C, A., 2005.
"Slave legacy" – Festival Mundial de Poesía Venezuela 2004. Caracas: Monte Ávila Editores Latinoamericana C, A., 2005.

**Nikki Giovanni**
"Poetry" – *The Woman and the Men*. Nova York: William Morrow and Company, 1975.
"Woman" – *Cotton candy on a rainy day*. Nova York: William Morrow and Company, 1978.
"Woman poem" – *Black judgment*. Michigan: Broadside Lotus Press, 1968.
"My poem" – *Black judgment*. Michigan: Broadside Lotus Press, 1968.
"Choices" – *Cotton candy on a rainy day*. Nova York: William Morrow and Company, 1978.

**Pat Parker**
"Questions" – *Academy of American Poets*, 2019. Disponível em <poets.org>.
"My lover is a woman" – *Movement in black*. Nova York: Crossing Press, 1978.
"Don't let the fascist speak" – *Movement in black*. Nova York: Crossing Press, 1978.
"For the white person who wants to know how to be my friend" – *Movement in black*. Nova York: Crossing Press, 1978.

**Alice Walker**
"Women" – *Revolutionary Petunias & Other Poems*. Califórnia: Harcourt, 1973.
"New face" – *Revolutionary Petunias & Other Poems*. Califórnia: Harcourt, 1973.
"Be nobody's darling" – *Revolutionary Petunias & Other Poems*. Califórnia: Harcourt, 1973.
"Expect nothing" – *Revolutionary Petunias & Other Poems*. Califórnia: Harcourt, 1973.

**Wanda Coleman**
"What it means to be dark" – *Hand Dance*. Boston: Black Sparrow Press, 1993.
"Notes of a cultural terrorist 2" – *Wicked Enchantment: Selected Poems*. Boston: Black

Sparrow Press, 2020.
"In that other fantasy where we live forever" – *Mercurochrome: New Poems*. Boston: Black Sparrow Press, 2001.
"Things no one knows" – *Wicked Enchantment: Selected Poems*. Boston: Black Sparrow Press, 2020.
"Wanda why aren't you dead" – *Wicked Enchantment: Selected Poems*. Boston: Black Sparrow Press, 2020.

**Cheryl Clarke**

"intimacy no luxury" – *Living as a Lesbian*. Nova York: Firebrand Books, 1986. Publicados em *Vivendo como uma lésbica*. Rio de Janeiro: A Bolha Editora, 2021.
"Sexual preference" – *Living as a Lesbian*. Nova York: Firebrand Books, 1986. Publicados em *Vivendo como uma lésbica*. Rio de Janeiro: A Bolha Editora, 2021.
"we are everywhere" – *Living as a Lesbian*. Nova York: Firebrand Books, 1986. Publicados em *Vivendo como uma lésbica*. Rio de Janeiro: A Bolha Editora, 2021.
"nothing" – *Living as a Lesbian*. Nova York: Firebrand Books, 1986. Publicados em *Vivendo como uma lésbica*. Rio de Janeiro: A Bolha Editora, 2021.

**bell hooks**

"Appalachian Elegy (1-6)" – *Appalachian Elegy: Poetry and Place*. Kentucky: Kentucky Voices, 2012.
"poem for the first life" – *A Woman's Mourning Song*. Londres: Writers and Readers Publishing, 1993.
"the body inside the soul" – *A Woman's Mourning Song*. Londres: Writers and Readers Publishing, 1993.
"the woman's mourning song" – *A Woman's Mourning Song*. Londres: Writers and Readers Publishing, 1993.

**Rita Dove**

"Reverie in open air" – *American Smooth*. Nova York: W. W. Norton & Company, 2004.
"Exit" – *Mother love*. Nova York: W. W. Norton & Company, 1995.
"Testimonial" – *On the Bus With Rosa Parks*. Nova York: W. W. Norton & Company, 1999.
"Trans-" – Academy of American Poets, 2015.

Disponível em <poets.org/>.
"Lady freedom among us" – *Selected Poems*. Nova York: Vintage Books, 1993.

### Nikky Finney

"The clitoris" – Head Off & Split, *TriQuarterly*, jan. 2011.
"Left" – Head Off & Split, *TriQuarterly*, jan. 2011.
"Cattails" – Head Off & Split, *TriQuarterly*, jan. 2011.
"Herloom" – Head Off & Split, *TriQuarterly*, jan. 2011.
"Hotbed 66" – Love Child's Hotbed of Occasional Poetry, *TriQuarterly*, abr. 2020.

### Harryette Mullen

"Women circle" – *Blues Baby: Early Poems*. Pensilvânia: Bucknell University Press, 2002.
"We are not responsible" – *Sleeping With The Dictionary*. California: University of California Press, 2002.
"Shedding skin" – *Blues Baby: Early Poems*. Pensilvânia: Bucknell University Press, 2002.
"go on sister sing your song" – *Recyclopedia: Trimmings, S*PeRM**K*T, and Muse & Drudge*. Minnesota: Graywolf Press, 2006.
"All she wrote" – *Santa Monica Review*, out. 1997.

# CRÉDITOS

**Alice Walker**
© Publicado com permissão da The Joy Harris Literary Agency, Inc.

**Amina Baraka**
© 2023 Amina Baraka.

**Audre Lorde**
© 1973, 1976, 1978, 1982, 1997 de Audre Lorde.

**bell hooks**
*Appalachian Elegy: Poetry and Place*. pp. 11-16. © 2012 Gloria Jean Watkins (bell hooks). Publicado com permissão da The University Press of Kentucky.

**Cheryl Clarke**
"Intimacy no luxury", "Sexual preference", "we are everywhere" e "nothing" foram publicados em *Vivendo como uma lésbica*. © A Bolha Editora, 2021.

**Gwendolyn Bennett**
© 2021 Copyright Clearance Center.

**Gwendolyn Brooks**
© Publicado com permissão da Brooks Permissions.

**Harryette Mullen**
© 1995, 2006 de Harryette Mullen. Publicado com permissão da The Permissions Company, LLC on behalf of Graywolf Press, graywolfpress.org.

**Jayne Cortez**
*On the Imperial Highway: New and Selected Poems*, Jayne Cortez, Hanging Loose Press, © 2009; *Jazz Fan Looks Black*, Jayne Cortez, Hanging Loose Press, © 2002.

**June Jordan**
"These poems: Directed by Desire", "Poem About My Rights", "I Must Become a

Menace to My Enemies", "Calling on all Silent Minorities", "It's Hard to Keep a Clean Shirt Clean" de *Directed by Desire: The Collected Poems of June Jordan*, Copper Canyon Press © Christopher D. Meyer, 2007. Publicado com permissão da Frances Goldin Literary Agency.

### Lucille Clifton

"the lost women," "I am accused of tending to the past" "listen children" e "sisters" de *The Collected Poems of Lucille Clifton 1965-2010*. © 2012 de the Estate of Lucille T. Clifton. Publicado com permissão da The Permissions Company, LLC em nome de BOA Editions, Ltd., boaeditions.org; Lucille Clifton, "won't you celebrate with me" de *The Book of Light*. © 1993 de Lucille Clifton. Publicado com permissão da The Permissions Company, LLC em nome de Copper Canyon Press, coppercanyonpress.org.

### Maya Angelou

"When I Think About Myself", © 1971 de Maya Angelou; "The Calling of Names" e "My Guilt", © 1971 de Caged Bird Legacy, LLC; de *The Complete Collected Poems of Maya Angelou* por Maya Angelou. Publicado com permissão da Random House, um selo e divisão da Penguin Random House LLC. Todos os direitos reservados. "Still I Rise" e "Phenomenal Woman" de *And Still I Rise: A Book of Poems* por Maya Angelou, © 1978 de Caged Bird Legacy, LLC. Publicado com permissão da Random House, um selo e divisão da Penguin Random House LLC. Todos os direitos reservados.

### Nikky Finney

*Head Off & Split*: © 2011 de Nikky Finney. Publicado em 2011 por TriQuarterly Books/ Northwestern University Press. Todos os direitos reservados. *Love Child's Hotbed*: © 2020 de Nikky Finney. Publicado em 2020 por TriQuarterly Books/ Northwestern University Press. Todos os direitos reservados.

**Pat Parker**

Obra de Pat Parker © Anastasia Dunham-Parker-Brady.  Publicado com permissão de Anastasia Dunham-Parker-Brady.

**Rita Dove**

"Reverie in Open Air", publicado pela primeira vez em *Poetry, No. 5*, 2003; "Exit", publicado pela primeira vez em *Mississippi Review, No. 3*, 1995; "Testimonial", publicado pela primeira vez em *Poetry, No. 3*, 1998; "Trans-", publicado pela primeira vez em *Poem-a-Day*, 24 de abr. 2015; "Lady Freedom Among Us", publicado pela primeira vez em *U.S. Congressional Record*, Vol. 139, No. 148, 28 out. 1993. Traduzido e publicado com permissão de Rita Dove.

**Sonia Sanchez**

© 2021 de Sonia Sanchez. Publicado com permissão de Beacon Press, Boston, Massachusetts.

**Wanda Coleman**

"What It Means to Be Dark" de *Hand Dance*. © 1993 de Wanda Coleman. "In That Other Fantasy Where We Live Forever" de *Mercurochrome: New Poems*. © 2001 de Wanda Coleman. "Notes of a Cultural Terrorist 2," "Things No One Knows" e "Wanda Why Aren't You Dead" de *Wicked Enchantment: Selected Poems*. © 2020 de The Estate of Wanda Coleman. Publicado com permissão de The Permissions Company, LLC em nome de Black Sparrow / David R Godine, Publisher, Inc., www.godine.com.

# OBRAS PUBLICADAS NO BRASIL

**Gwendolyn Brooks**

*Maud Martha*. São Paulo: Companhia das Letras, 2023.

**Maya Angelou**

*A vida não me assusta*. Rio de Janeiro: DarkSide Books, 2018.
*Carta a minha filha*. Rio de Janeiro: Agir, 2019.
*Eu sei por que o pássaro canta na gaiola*. São Paulo: Editora Astral Cultural, 2018.
*Mamãe & Eu & Mamãe*. Rio de Janeiro: Rosa dos Tempos, 2018.
*Maya Angelou – Poesia Completa*. São Paulo: Editora Astral Cultural, 2020.
*Não trocaria minha jornada por nada*. Rio de Janeiro: Nova Fronteira, 2023.

**Audre Lorde**

*A unicórnia preta*. Belo Horizonte: Relicário Edições, 2020.
*Entre nós mesmas: Poemas reunidos*. Rio de Janeiro: Bazar do Tempo, 2020.
*Irmã outsider: Ensaios e conferências*. São Paulo: Autêntica, 2019.
*Sou sua irmã: Escritos reunidos e inéditos*. São Paulo: Ubu Editora, 2020.
*Zami: Uma nova grafia do meu nome, uma biomitografia*. São Paulo: Elefante Editora, 2021.

**Nikki Giovanni**

*Um bom choro: O que aprendemos com lágrimas e risos*. São Paulo: Companhia das Letras, 2023.

**Alice Walker**

*A cor púrpura*. Rio de Janeiro: José Olympio, 2009.

*A terceira vida de Grange Copeland*. Rio de Janeiro: José Olympio, 2020.

*Colhendo flores sob incêndios: Os diários de Alice Walker: 1965-2000*. Rio de Janeiro: Rosa dos Tempos, 2023.

*Em busca dos jardins de nossas mães: Prosa mulherista*. Rio de Janeiro: Bazar do Tempo, 2021.

*Gente legal está em todo lugar*. Rio de Janeiro: José Olympio, 2022.

*Meridian*. Rio de Janeiro: José Olympio, 2022.

*O segredo da alegria*. Rio de Janeiro: José Olympio, 2023.

**Cheryl Clarke**

*Vivendo como uma lésbica*. Rio de Janeiro: A Bolha Editora, 2021.

**bell hooks**

*A gente é da hora: Homens negros e masculinidade*. São Paulo: Elefante Editora, 2022.

*Anseios: Raça, gênero e políticas culturais*. São Paulo: Elefante Editora, 2019.

*A pele que eu tenho*. São Paulo: Boitatá, 2022.

*Cinema vivido*. São Paulo: Elefante Editora, 2023.

*Cultura fora da lei*. São Paulo: Elefante Editora, 2023.

*E eu não sou uma mulher?: Mulheres negras e feminismo*. Rio de Janeiro: Rosa dos Tempos, 2019.

*Ensinando pensamento crítico: Sabedoria prática*. São Paulo: Elefante Editora, 2020.

*Ensinando a transgredir: A educação como prática da liberdade*. Rio de Janeiro: WMF Martins Fontes, 2017.

*Ensinando comunidade*. São Paulo: Elefante Editora, 2021.

*Erguer a voz: Pensar como feminista, pensar como negra*. São Paulo: Elefante Editora, 2019.

*Irmãs do inhame: Mulheres negras e autorrecuperação*. Rio de

Janeiro: WMF Martins Fontes, 2023.
*O feminismo é para todo mundo: Políticas arrebatadoras*. Rio de Janeiro: Rosa dos Tempos, 2018.
*Olhares negros: Raça e representação*. São Paulo: Elefante Editora, 2019.
*Pertencimento: uma cultura do lugar*. São Paulo: Elefante Editora, 2022.
*Teoria feminista: da margem ao centro*. São Paulo: Perspectiva, 2019.
*Tudo sobre o amor*. São Paulo: Elefante Editora, 2021.

**Este livro foi editado pela Bazar do Tempo na cidade de São Sebastião do Rio de Janeiro em dezembro de 2023 e impresso em papel Pólen Bold 90 g/m² pela gráfica Margraf. Ele foi composto com as tipografias Tiempos e Abnormal.**

CIP-BRASIL. CATALOGAÇÃO NA PUBLICAÇÃO
SINDICATO NACIONAL DOS EDITORES DE LIVROS, RJ

V858
Você lembrará seus nomes : uma antologia de poetas negras dos Estados Unidos / Angelina W. Grimké ... [et al.] ; organização Lubi Prates ; tradução Marina Correia Santos ... [et al.]. - 1. ed. - Rio de Janeiro : Bazar do Tempo, 2024.
264 p.
Tradução de: Várias obras
ISBN 978-65-84515-63-5
1. Poesia americana. I. Grimké, Angelina W. II. Prates, Lubi. III. Santos, Marina Correia.

CDD: 811
23-87211 CDU: 82-1(73)

Meri Gleice Rodrigues de Souza - Bibliotecária - CRB-7/6439